U0147611

昌明文叢

你必須知道的大陸

安強　著

前言

　　八十二年前，我尚在襁褓時期便有了日本飛機轟炸那剎那之間的記憶，就瞬間，其他均不復記因年紀太小了，無記憶是正常現象。唯奇怪的是記得我躺在小床裡，日本飛機那顆投在上海的炸彈，把屋頂灰塵震下使我雙眼刺痛，如此短暫情況，迄今歷歷，永印腦海。到能記憶能自己走路後，竟開始隨雙親逃難，一路艱苦，輾轉至重慶，已對空襲警報聲感到懼怕。跟著雙親挺過八年苦日子，盼到日本投降，和父母回到首都南京，快樂的上學讀書，憧憬著燦爛的未來，豈知好景不常，內戰又起乃再經驚險的逃難來到台灣。成長後讀歷史，知國弱便被欺凌，甚至亡國滅種。時至今日儘管中國大陸改革開放，上下一心努力建設國家，在列強判斷錯誤的夾縫中崛起，且由於進步神速，令列強遏制打壓未及，而成坐二望一大經濟體，百業昌盛，軍力變強，致列強雖後悔喪失打壓契機，但仍有美國之公然遏制，終有川普之實揭貿易戰。然最令人傷心的是島內知識界竟無「中國人應團結」的正確遠見，一心投向百餘年來侵華不遺餘力，殺人不見血的美國政權，忘了清末要與中國做生意，第一筆買賣運來的商品卻是一船鴉

片。這種對我國心態，至今未變。唯悲哀的是島內知識界似鬼迷心竅，認識不清抗拒兩岸一家親，甘作美國欺壓我國棋子，媒體名嘴為恐島民發現對岸各方面驚人進步，便有「大陸人民窮得吃不起茶葉蛋」等貶抑，不實的公然報導。我因經常去大陸旅遊，了解實際現況，其百行百業進步不差於歐美，而全國人民能不用紙幣消費，已走在世界前端，國際稱羨。這數不清的進步，島內少有人知道，才想到在我平常收集上千種大陸突出，世界另眼相看，而台灣電視鮮有介紹，或有意漏過的訊息順手在我資料堆中抽出成濃縮簡要介紹，先寫出三百多項成書。同時更值得感謝的是《旺報》，自該報二○○九年成立，「認識中國大陸，掌握世界未來」之深意，我自該報發刊便每日必看，由零買到訂購，並每日剪報，本書資料來源百分之九十幾取自愛我中華高瞻遠矚的《旺報》，以融合我對大陸的了解為文，較集中突出的讓島內知道，顛覆名嘴愚民式的報導。在此最要感謝摯友張博士凱元先生，大力鼓勵成書，不吝指點，致能順利出版。至於台灣歷史悠久的「萬卷樓」出版社，一向編排、設計、印刷等均屬高水準，由其出版幸甚。

安強

二○一八年七月

目次

西方APP太落後了

　　談到西洋，總不出美國、英國、法國、德國、義大利等先進國家。然而中國改革開放不過四十年，乃快速崛起，從先掌握科技，發展教育與經貿、軍事等，各業齊頭奮進，故能在內外環境穩定情況下各有成就。本書已多有介紹，唯讓西洋人驚歎自己太落後之處雖不少，而最不該如此有挫折感的就是 APP（手機應用程式）領域。證明西方已遠遠落後。中國在科技和互聯網企業發展方面，出乎西洋想像的自由，海闊天空任飛翔。原來中國內部的自由民主只有廣大人民才能體味到，這讓西方難解。中國 APP 服務，從支付停車費、預約醫院門診、餐飲外賣、或購買咖啡等，到短信、通話、瀏覽、遊戲和一切支付等功能都可以合併在一起運用。目前西方紛紛模仿中國同行成功經驗。尤其歐洲科技界已把目光從美國矽谷轉向中國。豈非風水輪流轉。

歐美正抄襲中國軟實力

　　中國大陸便民利民的軟實力令全球震驚，歐美等先進國家不得不前來取經抄襲。外界萬想不到，過去印象中的「山寨大國」，如今轉眼竟脫胎換骨，變身為創新引領世界的大國。美國《紐約時報》仍傲慢與自大，極無風度的指出，美國企業在手機，無人機與 Uber 等領域「遭逆襲」。然而天知道，大陸的創新進步為的是改善人民生活，重在社會福祉，讓人民生活越來越快樂舒適。而心地歪邪的美媒卻視大陸的一切進步，是為了與美國競爭，多麼可笑。大陸已把對大眾不利的 Uber 模式逐出，結束「燒錢地獄」，代以極為先進的模式。而在無人行銷，人臉、手機等支付，以及購物，全大陸各類交易、交通等均不需錢幣。故美國為了在移動領域進步只好不斷照抄中國。中國開出大量創新業務模式：領先全球，已深切影響美國之腦的矽谷，而「中國智慧」正源源發揮，目不暇給。川普對中國掀起的貿易戰正是極端忌妒心術不正的產物。

全球最大水陸機

　　AG600 水陸兩棲飛機，是中國大陸自主設計製造，為世界上最大的水陸兩用飛機。機身長三十九點三公尺，翼展十二公尺，時速五百公里、最大航行時間十二小時，最大航程四千五百公里。其功能水上救援、森林滅火、島嶼補給，可一次載重五十三點五噸。是穿梭南海的最佳公務船。其形狀上半部像飛機，下半部似船。可分別在陸上與水上起飛和降落。AG600 水陸兩用機，可一次載水十二噸，能將一個足球場大的火場有效撲滅。此外水上救援，每次可救護五十人。這對在發生海難時，或在遇到惡劣天氣急需要海上救援時，AG600 能在水面降落，在救險有利的七小時內及時展開救援。AG600 兩棲機，歷經七年研製成功。由大陸各大機體商聯合設計製造。相關供應商七十多家，包括中航工業集團，西飛，陝飛、華北公司等共同出力製造。該機可飛到南海任何角落。

醫學上的大躍進

　　中國大陸不僅在財經、軍事、太空、衛星、交通、APP
等領域有持續不斷的突出表現，更在醫療上有驚世成就。
北京大學第三醫院醫生，用 3D 列印技術，為一位罹患罕
見惡性腫瘤「脊索瘤」患者製訂一條長達十九公分的鈦合
金脊柱，植入十分成功。患者情況良好，創下世界最長人
工椎體置換手術紀錄。患者因腰痛就醫，經診斷為脊瘤，
一般醫治易致癱瘓，乃輾轉經六家醫院，唯北大第三醫院
有新療法，採用 3D 列印製成鈦合金脊髓柱植換。切除五
節病變脊髓，避開神經，而以人工脊髓代替。治療十分成
功。主治醫師韋峰說，手術面對的主要是肌肉和脊髓，需
把神經和周邊骨頭徹底分離，前路手術則是胸主動脈、腹
主動脈、膈肌、肺、腸管等，把器官、血管推開，將五節
脊髓取出，放入 3D 列印植入物。如此除去病脊髓骨，代
以人工骨便不會癱瘓，從照片看病人已在康復走路中。

轟 6-K 的目標在克制航母

　　近年來媒體常有報導指大陸轟 6-K 繞台，並在南海巡航，只不清楚轟 6-K 到底是怎樣的轟炸機。但當轟 6-K 發射了「鷹擊 -12」反艦飛彈後，展示了它原來具備打擊航空母艦的能力。據證實，鷹擊 -12 飛彈比俄印合製的航母剋星「布拉莫斯」飛彈射程遠二倍，達六百公里且速度更快。才真是聞風喪膽的航母殺手。如了解「布拉莫斯」飛彈有效射程只有三百公里時，則知鷹擊 -12 的六百公里就是「布拉莫斯」的兩倍。當大陸媒體報導，轟 6-K 每次任務出航，必掛鷹擊 -12 飛彈威懾航母。通常轟 6-K 一出勤，要掛兩枚鷹擊 -12 飛彈，每一鷹擊 -12飛彈重兩噸半。發射後飛行速度可高達三點五馬赫。除主要針對航母外，對其他大型艦艇同樣有克制力。

關於喜馬拉雅山多高長江黃河多長的答案

　　全世界都知道中國有高山大河與長城。但卻始終說不準各自的確實高度、長度。現在長城已由科學量定了，具體答案為兩萬一千餘公里，顛覆了「萬里」之俗稱。現在大陸文物局稱，喜馬拉雅山世界第一高峰，被稱珠穆朗瑪峰，北坡在中國青藏高原，南坡在尼泊爾。一九五四年印度測得峰高八千八百四十八點十三公尺。然而二○○五年大陸國家經衛星等精確測量，發現珠峰實際海拔八千八百四十四公尺點四十三。作為世界第三長亞洲第一長的長江，實長六千三百九十七公里，流經十一個省入海。至於黃河，世界第六長，大陸第二長，流經九個省入海，全長五千四百六十四公里。另京杭大運河為一千七百十公里。

超遠端魚雷

　　在三百公里外，用魚雷擊毀敵艦，是安全有效克敵武器之一，也是敵艦難防的利器。大陸軍武機構研製成「超遠端反潛魚雷系統」，射程在三百公里外。這可令在三百公里外的敵艦，在不知不覺中被遠來的魚雷重傷。自將使美國核潛艇艦有所自制，勿自由自在的遊走於東海與南海。據詹氏防衛周刊稱，「超遠端反潛魚雷系統」是採用渦扇發動機和兩組短翼，故射程較遠，而彈頭可在十公里範圍內，追蹤敵人潛艇。此武器可脫離反潛艦，直接使用，只需巡邏機，或反潛機發現目標，就可以打擊，可做到未見中國軍艦，而魚雷已到敵人眼前了。這個魚雷，應為複合體產物，武器採用傾斜式發射箱，彈翼採用可折疊式，彈下有進氣道。總之，此一超遠端魚雷將對萬里之外前來中國周邊海域耀武揚威的美艦艇有警惕作用。

反衛星飛彈之研發

　　世界在先進大國弱肉強食的思維下，永遠無法平靜，崛起的中國在不斷遭遇四面八方突如其來的阻障，似覺危機四伏，乃在各種防禦上盡力設法。據美國媒體報導，中國大陸研製成，「反衛星飛彈」，應為中國最強的不對稱戰爭武器之一。這種飛彈，能攻擊環繞地球軌道的人造衛星武器系統，其飛彈可由地面或水上發射，或由航空、太空飛行器在運載較高時發射。它可針對軍用衛星，或低軌偵查衛星、電子情報衛星、海洋偵測衛星等加以摧毀。因此美國特別重視大陸製成的「反衛星飛彈」情資，並了解到此飛彈名為「動能-3」。據了解，中國大陸早在二○○七年就開始研製此衛星，與彈導飛彈防禦計畫有關。美專家指出，中國已有反衛星飛彈雷射武器及衛星干擾器等，還有其他多種反衛飛彈，「動能-3」之出現將使反衛星攻擊萬無一失。

新經濟國家大學排名各大陸大學表現突出

　　一個國家的前途及未來發展，教育是最準確的指標。英國《泰晤士報》的高等教育專刊，公布的二〇一七年度金磚國家和新經濟體大學排名，共三百多所列名中，大陸有五十二所大學被選入，而北京大學與北京清華居冠亞軍。台灣入列的三十五所大學中，最好的台灣大學排在第十名。這項大學排名，主要以各校教育、研究成果、論文引用數、國際化程度及知識轉移等進行調查，進而作出各大學排行榜。據該專刊稱，北大和清華已是連續四次蟬聯冠、亞軍。俄國莫斯科大學第三名、南非開普敦大學第四名、中國科學技術大學第五、上海復旦大學第六、上海交通大學第七、浙江大學第九。據該專刊調查，大陸大學有此表現，皆因各校的教育經費普遍充足，加上教學優良、師生努力的結果。

萬里長城超過兩萬公里

　　歐美各國加上日本，當國力強大時，就會成為侵略者，欺凌弱小，殘殺掠奪無惡不作。然而當中國掌握科技，達到船堅砲利之際，卻是和平崛起，甚至扶助弱小，行利人利己政策，與人為善。這情形令列強不解，或作反面思考，認為這情形有違他們的常理，或另有算計。大陸的長城應可為他們解惑，並消除西方各種邪想，證明中國自古就無侵略性，即使在最強大時期亦如此。故自春秋戰國，及強秦、漢、唐均不外侵反而大修長城防禦被侵。近年大陸科學家實測長城後，真正總長度為兩萬一千一百九十六點十八公里。原來多年來大家小看了長城。此兩萬餘公里的長城，正如中國人自古血液裡流的，腦袋中的思維——和平高於一切。歷數千年不變。它經過許多朝代不斷加長補強，經北京、天津、河北、山西、內蒙古、遼寧、吉林、黑龍江、山東、河南、陝西、甘肅、青海、寧夏、新疆，計單體建築就有兩萬九千五百一十座，關堡兩千二百十一座。其長年可投入的人力、物力難以計數，為的只是防侵。

全球最大貨櫃港在上海

　　全球唯一年吞吐量超過四千萬個標準貨櫃的港口，只有上海。而預估二○一八年（今年）上海港吞吐量，將達到四千兩百至四千兩百五十萬標準箱。新加坡已退居其二。去年世界二十強港口中，增速最高的，是大陸寧波舟山港，達到百分之十四點三。中科院估計，今年長三角地區港口貨櫃吞吐量，仍是重要增長點。為了因應中美貿易戰，大陸決定遠赴海外買下當地港口，做為運輸糧食之用。據大陸媒體報導，中糧集團正計畫斥資二十六億人民幣，買下俄羅斯南部的三個港口之一，以做為中美貿易持久戰，大陸替代糧食來源的轉運站。此舉是美國農民最不願見的，因為這將使其最大買家不再回頭，市場從此被轉向與俄羅斯、巴西等生產大國合作，而這兩國將成為中國進口糧食的大國，自然關係也更加密切。

席捲世界的中國風

　　當台灣部分人全力去中國化之際，中國風卻席捲全球。如今時尚流行把漢字設計到衣服上，不論衣褲，放幾個漢字在上面表示流行。有時所用漢字不雅，或被捉弄亦不在乎，反正有漢字就滿意。以往巴黎是世界時尚引領者，當地流行什麼各地便追隨。但現在引領者是上海，各地流行隨上海轉移，而不少西洋設計師與時尚企業，也來與大陸交流、合作，共同研究飛速進步的時尚。中國字在外國人眼中就是圖畫，甚至刺青也放上漢字以增加藝術氣息。在「中國風」中，外國設計公司紛紛與大陸博物館等公司合作，設計出美麗的商品使得洋人對中華文化有更多認識。在藝術家與設計師筆下，秦淮河在南京流淌，燈籠橙紅，顯得溫柔亮麗，正迎合著流行語「國潮」，華人潮流文化逐步在世界舞台嶄露頭角，向世界輸出特有文化就趁現在。

沙漠沙竟是最佳建築材料

　　中國大陸是沙害最嚴重的國家，有荒漠化土地兩百六十一萬多平方公里，等於七百二十多個台灣面積。但就在大陸力拼在二〇二〇年達到五成荒漠地綠化之際，一個驚天動地的科研報告──把沙變黃金，證實黃沙滾滾將變成財源滾滾。本來地球存量最多的沙就是「沙漠沙」，而這種沙大陸特多。英國倫敦科學研究院科學家發現，FINITE材料和混凝土一樣，但無毒且特別堅固，能取代粗砂和水泥組成的混凝土。這種被名為 FINITE 的材料，其組成部分就是沙漠這種細微的沙子，遠優於河沙和海沙。經研究這種沙比混凝土更經濟好用，同時能為地球生態提供大的經濟價值，可把河沙、海沙的開採，改用更好的「沙漠沙」。此黃沙一旦大量採用，則大陸作為沙漠覆蓋面最大的國家，無疑成為最大受益者，其創造的收益將難以估計。因此這份研究報告，頓時令中國大陸感到振奮無比。

風雲四號的任務

　　人類研製氣象衛星，希望了解天氣變遷對地球生物的影響，藉以知道如何因應。目前有能力探測地球氣象的，只有中國大陸、美國和歐洲。大陸發射的風雲四號氣象衛星，是靜止軌道衛星，此衛星距地球三萬六千公里的赤道上空相對靜止，屬固定崗位。此衛星在時間解析度、空間解析度、探測譜段和探測的要素更勝從前。「風雲四號」與美、歐等新研製靜止軌道氣象衛星相比，則各有所長。現在雖然一九九七年發射的「風雲二號」仍未退休，正好可以統籌運行。目下可十五分鐘進行一次全球觀測，每六分鐘作一次區域觀測，為中國大陸和世界氣象監測及天氣預報，提供即時動態訊息。大陸電視天氣預報的衛星雲圖，便來自風雲二號。如今接收與利用風雲衛星資料的用戶超過兩千五百家，來自七十多個國家。風雲四號以四億畫素十五分鐘成像，拍照水準世界一流。

世界一流的上海圖書館

　　在向全球設計師徵件，由丹麥 SHL 建築事務所操刀的最新力作，得以負起「上海圖書館東館」建築，將於二〇二〇年落成。預計藏書四百八十萬冊，閱覽坐位四千個。「上海圖書館東館」不只是被動的閱讀集合地，在十二萬五千平方公尺建築內，包含有演出、展覽活動的空間，和兒童圖書館。丹麥建築事務所稱，身處全球大城市中心的上海，能有機會為人們提供一個知識和資訊的棲息地，是非常快樂的。丹麥的各類設計早已世界聞名，其家俱設計之人性化為美國富豪們最愛，被認為是最美觀舒適的。如今能在全球設計師中獲選，應非偶然，也相對證明主持選擇的上海有關人等眼光獨到。此館竣工後，將以世界一流，全媒體時代的複合型圖書館與外界見面，成為大陸唯一包含科技創新研發資源、社科研究資源、上海地情研究資源等的科學文化中心。

主題樂園冠全球

　　中國大陸人多，且均進入小康，中產階級將為主力人口，休閒娛樂自然需要量大。目前在政府鼓勵下，大陸主題公園越建越多，長隆集團將投資五百億人民幣在珠海橫琴建長隆國際海洋第二主題公園。萬達集團展開在各地全力打造超大型文化旅遊「萬達城」，而香港迪士尼樂園，又投入十億美元進行加大擴建。環球影城亦將在珠海建成，成為酒店、餐飲、娛樂大旅遊度假區。據世界旅遊市場報告，中國主題公園收入在二○二○年將超過一百二十億美元，而同時間美國主題公園約為九十億美元。大陸在營運的主題公園有兩千多家，其中投資五千萬元人民幣以上的有三百多家。近年正在新建的有五十九座，其中一個是美國六旗娛樂集團攜手山水集團與重慶壁山區政府聯合開發的重慶河畔「六旗主題城」。所謂主題公園是有特色的，各自內容不同。

花大錢保護複合遺產

　　二十年前，四川峨嵋山與樂山大佛，均由聯合國教科文組織列入世界遺產名錄，成為世界上第十八個、大陸第五個世界雙遺產。自然與文化雙遺產，又稱複合遺產。因它同時具備自然和文化兩種條件。峨嵋山位於四川省峨嵋山市西南邊，海拔三千零九十九公尺，自古有「峨眉天下秀」美譽。相傳是普賢菩薩說法的道場。而世界第一大佛──樂山大佛，位於四川省樂山市東南，凌雲山棲鸞峰臨江峭壁，大佛頭與山頂齊，腳踏大江，高七十公尺，肩寬二十四公尺，又稱凌雲大佛，是世界上最大的石佛像。目前全球共有三十二處雙遺產，大陸占五處。其他為黃山、泰山、武夷山。這幾處寶貴遺產，都是吸引國內外觀光客最多之處。以樂山大佛而言，每年觀光客均超過四千萬人。綜合旅遊收入人民幣五百億元以上。故各複合遺產都受到嚴格監管與維護。

低調大富豪葉簡明

　　中國大陸自改革開放後，小老百姓只要努力就有機
會，四十年來不知出了多少企業家、大富豪。甚至社會上
出現炫富情形。在諸多富豪中，卻有位年輕企業家葉簡
明，四十歲前曾三年登上世界五百強企業。在《財富》列
出世界五百強企業中，他的華信公司被評為二○一六年全
球四十位四十歲以下商界精英中排名第二，也是唯一上榜
的中國人。華信是中國最大的非國有能源公司。其二○一
五年收入已達四百十八億美元，超越航運寡頭馬士基、傳
奇投行高盛集團，和工業界著名的霍尼韋爾等大公司。華
信的成就是油庫遍布哈薩克斯坦、法國、西班牙、義大
利、德國、瑞士等國，甚至營收已接近大陸國營最大能源
公司中海的三分之二。他曾對《財富》透露，做生意首先
看準商機，抓住機遇，此為他經商之道。

海水稻的驚人成就

　　中國大陸經過三十年研究，終成功育成海水稻，可養活兩億人。海水稻是一九八六年，廣東湛江進行紅樹林調查，在遂溪縣沿海灘塗地，所發現的耐海水野生稻品種。湛江種植專業合作社主任陳日勝，收集了五百二十二顆種子。繁殖培育三十年，培育出耐鹽鹼度高的水稻，已正式命名為「海稻八十六」，每畝產量將達兩百公斤到三百公斤，並已在山東膠州灣設立三十畝海水稻育種基地，由水稻雜交之父水稻專家主持，以便盡快進入產業化，讓十五億畝閒置鹽鹼地，大量生產海水稻。還可進一步向外推廣惠及人類。按估計，大陸鹽鹼地種海水稻，產量可供兩億人食用。海稻中又發現有抗澇基因，對雨水多的南方稻子有改進作用，如再將海水稻和「紅蓮」系稻種結合雜交，則沿海稻作必突破十八億畝。大陸享譽世界的水稻專家除袁隆平外，正不斷有新秀出現，他們有信心，可成功培養商用旱稻後，再使海水稻超過每畝三百公斤的數字，此是外界難以想像的。

全球最大電商市場

　　世界上最大的電子商務零售市場在中國大陸。近年經相關機構統計，美國消費零售總額在四兆七億美元左右，中國銷售總額已超過五兆多美元，占全球市場近半數。大陸有七億多網友。據了解，中國網友的網路應用，已從獲取資訊，延伸到消費、體驗領域。其次「網紅」、「社交」、「店鋪瀏覽」等，也有「及時娛樂」者，常利用空際時間點看娛樂內容，或在「優酷」上看影片。據分析，九十後的消費者重娛樂、新鮮事物等，八十後則注意家庭相關的事物，且重視品質，整體行動網路消費呈現專業化，購物與新聞閱讀明顯成長。在中國電子商務全面蓬勃發展情形下，美國沃爾瑪全球政府關係副總裁保羅‧威克認為中國市場巨大，該公司已通過實體店與電商平台合作等方式，努力適應中國市場各種需求。

為地球測霾

　　為了防治污染，中國大陸研製的「碳衛星」升空。此衛星可準確監測全球碳排放量，每十六天可對地球體檢一週。此舉正說明中國大陸要從汙染大國，走上治霾大國的決心。碳衛星主要用來進行全球大氣二氧化碳監測，了解二氧化碳分布，並製作出各季節，不同地區二氧化碳排放情況資料。此衛星稱為「全球二氧化碳監測科學實驗衛星」，有監測全球二氧化碳濃度能力，可透過顏色分析識別二氧化碳氣體濃度。當陽光穿過空氣，二氧化碳分子會對顏色產生不同程度的吸收，衛星監測系統藉光學儀器對顏色反應作精確測量，以推算出各區域二氧化碳分子數量，進而了解大氣中二氧化碳濃度，作為地面改善參考。聯合國為保護人類共生的地球，在簽署氣候變遷大家一起維護的《京都議定書》中提出「碳排放權交易」。大陸在美國退出後，仍啟動全國碳排放權交易市場，並實施全面減排二氧化碳計畫，推廣新能源等，做負責任大國應做的事。

低齡留學是家長思慮不周

　　近年從媒體上看，中國大陸掀起低齡留學熱潮。許多家長把「望子成龍」寄託在送出國留學的途徑上。乃有家長賣房、省吃儉用，而小孩子更在耳濡目染中莫名其妙的想出國。這與先進的英國教育家一心要孩子學習中式基礎教育思考相反。若能冷靜思考，便知大陸家長要把稚齡孩子送出國，是盲目與衝動，思慮不周的想法。試問本國教育基礎未打好，貿然送出國去，其對孩子身心的戕害不言而知。脫離中華文化後的成長，是否完全融入西洋社會，或受到排擠，或對環境難適應等，或思鄉情切、學習障礙，而父母又相隔遙遠，到底能否自立成才，皆是未知數。即便他日學成，也必不像當初所盼望的子女模樣。很可能親情淡薄，已不適應家鄉生活而成半個洋人，年老的雙親已無法擁有這個子女。另一種可能是，受不住海外生活的挫折，從此鬼混，結局不堪設想。總之皆難如各家長送子女出國之所願，這些家長的心態可議。

教改學中國

　　英國政府決定花千萬英鎊，將基礎教育改進向中國大陸看齊。同時要在四年內讓五千名學生能說流利的中文。英國政府開設新的公立學校，以重點中學讓階級分明的英國社會，有新的選擇。由於英國教育部長等教育專家研究發現，中國基礎教育優點多，故必須引入中國教學方式，皆因中式教育強調競爭、服從、團結、互助、反覆練習，能磨練出勤奮刻苦不畏艱難的學生。與此同時，希望透過中式教學，注入中國優於世界各國的儒家文化及泱泱大國的器度，使正處在定型年齡的學生變化氣質，淡化自私自利的功利心胸，成為大器磅礴，能知利己利人，捨己為人，高於歐美的情操。其實這才是英國教育家看重而必須學習的重點。今日大陸快速崛起，底氣就是中華文化提倡和平互助，才有世界一家大同思想，摒棄弱肉強食的叢林生存之道。如今只有英國悟及。

一箭五星

　　經過多年的研發與不懈努力，中國大陸的火箭製造，不斷有突出表現。值得介紹的是，長征十一號將包括脈衝星試驗衛星在內的五顆衛星送入太空各指定軌道。此為固體運載火箭創新技術。這是長征系列火箭第兩百三十九次飛行，該火箭具備快速響應、快速發射能力，且可多發連續高密度連續發射。其準備時間只需一天，而發射場亦完美配合，故此火箭被稱為「快響利箭」。長征十一號火箭，為國內首型兼任多種發射形式的固體燃料的運載火箭。它對發射場的保障條件要求低，可實現多發連續高密度發射，是美國同類型火箭發射時間的三分之一。發射場不但能配合發射速度還能有效應對自然災害和突發事件等。長征十一號也首次探索了民營衛星公司商業搭載模式，已將「麗水」、「瀟湘」兩顆商業衛星送入軌道。

中俄互評具影響力著作

中俄兩國雖文化各異，卻都有影響世界人類正能量的著作，故必須加以介紹。當我們看見中俄出版界共同推出彼此經典著作，發現相互推崇均極完善確切。首先中方評出俄羅斯文學作品為：普希金的《葉甫蓋尼、奧涅金》、萊蒙托夫的《當代英雄》、果戈理的《死魂靈》、屠格涅夫的《父與子》、杜斯妥也夫斯基的《罪與罰》、托爾斯泰的《戰爭與和平》、契訶夫的《套中人》、高爾基的自傳三部曲《童年》、《在人間》和《我的大學》，肖洛霍夫的《靜靜的頓河》、奧斯特洛夫斯基的《鋼鐵是怎樣煉成的》。而俄方選出的是：孔子的《四書》、老子的《道德經》、司馬遷的《史記》、曹雪芹的《紅樓夢》、魯迅的《野草》、施耐庵的《水滸傳》、蒲松齡的《聊齋誌異》、莫言的《生死疲勞》、吳承恩的《西遊記》。這些書不但影響兩國人民，更及於世界。

真實的體驗

　　新北市一位青年去大陸交流，到了北京和上海後，寫
出了強烈反應指「心頭似被重擊」。他是利用假期，參加
到大陸的文化創意交流學習營，成員有來自各縣市大學
生、研究生、博士生等二十五人，一同前往北京、上海、
南京交流參訪。他們當中大多是初次去大陸，在機場聚集
時，有位政大女同學說她曾與陸生聊天，發覺陸生口中的
大陸似為新世界，未去過的是長期被蒙蔽欺騙者。當時大
家都不以為然，但當身臨其境，街頭繁榮富裕，處處展現
現代化的景象，大商場、整潔特別寬大的街道和人行道，
人民身上均不需帶紙鈔，以「行動支付」，其進步超過歐
美，他們很是驚訝。智慧購物讓他們開了眼界，瞬間的感
受像心頭被重擊，覺得自己像是來自落後地區──台灣的
一群鄉巴佬。再看同團者，個個皆有慚色。原本的優越感
徹底被打破。

排隊買票已落伍

　　大陸民眾出門購物、搭車均不需帶鈔票。如今乘高鐵，連排隊都免了。只要用手機，或身分證識別便可上車。全國即將採用的電子票券，又名「無紙客票」。乘客乘車只要利用網路購買車票後，乘車訊息和旅客個人資料會存在手機或身分證中，以後搭車不需再至櫃台排隊取票，掃描手機或身分證，就可上車。另由於搭乘高鐵旅客日漸增多，今後將增加班次外，並以十七車廂，一次可坐一千多位旅客，成為了世界最長的高鐵。大陸高鐵由自主研發，還創新精進，已邁入全面智能化，包括鐵路智慧建造、智慧裝備、智慧營運、智慧精檢測與維修，直到智慧服務。同時續推進技術創新，使高鐵品質不斷精進，令旅客永遠滿意。目前高鐵正與網路公司研究，增設數位經濟平台，讓全國民生與商業服務，都能像U盤（USB）般，可方便快速加載進來，讓高鐵成為各城市間的智慧交通，配合著智慧城市進步發展。

「天波旅」的任務

　　為了遏制中國大陸核威脅，美國強硬在南韓布置「薩德」防禦系統。然而中國大陸也建成飛彈防禦系統，被稱「天波旅」，由長程飛彈預警雷達系統，提前探測美軍洲際彈導飛彈。另一種「天使之杖」，可從太空將「薩德」性能化解。據了解，大陸為反制與化解美國防禦系統，採多管齊下辦法，從太空、天空、地面等進行研發克制美國的防禦系統。此外大陸火箭軍增設高速飛行器研製專案，未來可能部署在彈道飛彈身上，以突破美國飛彈防禦系統，可謂道高一尺，必須魔高一丈。經報導，一種「天空打擊武器」正成為中國空軍、火箭軍新研發重要武器之一，它分為助推滑翔型和超燃沖壓搭配組合發動機型。其功用可使美國國家飛彈防禦系統至少失去百分之五十的戰略預警時間。同時「東風 21D」是美國航母受威脅最大的殺手，如配合「天軍」則威力更大。

不正常性觀念也在追第一

　　近年在大陸旅遊，不論住大小城市旅館，晚間都會有人從門下縫隙中丟進多張妖媚照片，卡片寫出找「她」的方法。而在 KTV 中，伴唱姑娘散場可作客人「一夜夫人」。令人難解的是，各地公安為何不知。又據媒體報導，大陸在兩性文化上有顯著變化，似在仿照西洋或日本部分情慾氾濫墮落情形。從新聞揭露，「愛情旅館」各省市普遍設立，而且生意興隆天天客滿。經調查發現，大陸近一成夫妻雙雙出軌，嚴重影響家庭正常並殃及子女。而單方面裡出軌者亦不在少數。常到日本的人，會在相關資料中發現「愛情旅館」有三萬多家，專供情侶或出軌夫或妻之用。而大陸人民如今生活富裕，所謂「飽暖思淫慾」，一旦形成風氣，後遺症對社會、家庭造成傷害，將成另類毒害，道德自易敗壞，滋生貪腐，謀取不義之財，製造社會問題。各大媒體與文化界應呼籲改進，轉移風氣，讓中華優良純淨的民風再現。

飲酒惡風世界第一

　　改革開放後人民富裕，中國人的好客、重情義表達方式雖多，但變得更常透過「痛飲」來顯示彼此深厚的親情和友情了。對初次相見者，若互認「一見如故」也以大口乾杯示誠意，難怪在各種餐會、飯局中，「感情深，一口悶」、「感情鐵，喝出血」，為了對親朋的真誠的愛，便在飲酒表現上拚命。當此種風氣養成，烈酒就此暢銷，各地生產均供不應求。據統計，每年最少有三百億升酒被人民喝進肚子，於是各種疾病隨之叢生，可怕的癌病找上門，戕害的後遺症不斷。由於狂飲人口超過五億，估計一年可喝掉零點七六個三峽大壩容量，此非花錢買病傷身嗎？一旦酗酒成性，則身體、事業、家庭、工作、社會、國家均遭殃。此景讓冷靜旁觀者驚歎「暴發富裕的大陸」，為何出現如此多呆瓜？各大媒體實應負責開導勸戒。此類「全球第一」應該放棄。

大陸崛起是因列強的誤判

在中國大陸快速崛起，達到超英趕美，人民普遍生活改善之際，不願見中國富強的歐美列強，首先由美國「發難」，寧可對己不利，但為了及時遏制中國，不惜代價，舉全國之力對付中國。歐美學者甚至露骨的說，是他們判斷錯誤才讓中國崛起。首先認為人口超過八億，則必因糧食問題而拖垮政權；其次認為讓中國進入 WTO 國際經貿組織，及歡迎大量留學生到各歐美國家留學，影響其思想，必能將中國加以「和平演變」。如今看來歐美的各項遏制與「文鬥」陰謀皆未得逞。過去鄧小平「韜光養晦」亦有功勞，是政治家的遠見。近見美帝不顧傷害自身和各國利益一心打擊中國，至於連帶受損的列強，即使不滿，也不願與中國站在同一受害陣線報復美帝。可見內心仍不想見中國發展。最令筆者納悶的是，兩岸人民混沌無知，不知警惕，連知識界也盲然無感，尤其台灣竟不知團結對外，反而投身狼群，應知大陸是皮，台灣是毛，無皮自無毛矣。

無線充電車道

　　凡說到電動車輛，首先便想到電池容量和充電站問題。就在各方努力研究解決種種必要的充電問題時，廣西省南寧市廣西電網公司成功研究出「道路無線充電」方式，並製成三十三公尺長，三公尺五寬的無線車道，供電動車輛充電。這條實驗車道，只在路面上劃上兩條黃線，車輛行駛在黃線上，即可無線充電，不限速度快慢行駛都可照常充電，每小時充電量約可供行駛百公里。原理是在公路路面下，鋪設供電導路，透過電磁感應，以無線電能傳輸方式，為行進中的各種車輛及時充電。據該研究機構祝文姬博士稱，只要車輛加裝無線接收器，沿指示位置行進，車輛會自行識別充電。且此充電公路和維護成本不高，相關材料價格也不高。該系統符合國際輻射標準，也不會危害生物，又可依電子計算使用充電數量收費，估計比油料價格低廉很多。

世界專利申請冠全球

　　中國自古就有「人多好做事」說法。改革開放後的大陸，在幾代領導人帶領下，創造了關鍵性的「人多人才多」，因此才能百業興盛，進步神速。為了脫離過渡性的仿冒醜名，舉國上下乃努力創新、發明，並追求自己研發高品質的物品，以期能與各國在商場上競爭。經調查，自二〇一五年中國大陸在研發等各方面已顯著改觀。向國際申請專利的產品超過百萬件，遙遙領先美國、日本、歐洲、南韓。此後年年有增無減。就以俄羅斯世界足球大賽來說，另類大贏家還未開賽已屬冠軍了 —— 世足大賽的足球等一應用品幾乎全是中國大陸優質品牌提供，甚至連場邊純啦啦隊超過六萬人，最為壯觀，也是在當地消費力最強的球迷。一般認為大陸研發創新能力強勁，主要來自政府鼓勵，有計畫的補助，在此強大推動力下，成果自然輝煌，在市面上的表現自能超越各國。除專利外，伴隨而至的商標註冊自然亦屬第一了。（世足用的足球均中國貨）

首富作家靠真誠

這些年來，藝人和電視節目主持人收入豐厚，生活豪奢，買豪宅，卻少聽到寫書致富，且還是首富。據媒體報導，大陸青壯年作家張嘉佳的著作《從你的全世界路過》銷售四百萬冊，繁體字版本亦在台暢銷，而他在個人微博上發表的「睡前故事」今已累積了五百多萬粉絲。這麼多人願意買他的書，張嘉佳認為文章要能打動閱讀人的心，主要在「真誠」。他強調，世界各地的讀者，無論看什麼樣的作品，閱讀體驗的中心，都應該是「真誠」。張嘉佳很高興自己的真誠是今日世界所需要的。張嘉佳透過微博一天一篇故事，與粉絲互動，很多網友每晚必守在微博上等著看故事。他所講的「睡前故事」，是一種短篇寫作的手法，有別於傳統模式。張嘉佳生活體驗豐富，曾歷艱辛，故能從真實生活中寫出真誠的文章，終獲大眾歡迎。昔《大公報》名報人張季鸞曾說，好文章必是筆尖常帶感情，也是真誠之意。

怪獸大海警船現蹤南海

　　被稱為「怪獸」的重型海警艦船，在多事的大陸南海出現。它是當今世界最大，性能最佳的巨型海警船艦。它可載火力強大的重型直升機，排水一萬二千噸，時速二十五節、七十六公釐口徑快砲、兩門副砲、兩挺高射機槍。它配屬海警南海分局指揮。這種威力強大「怪獸」將陸續有多艘服役，是維護南海海權利器，使海上執法更具優勢。仔細看「怪獸」，它配有定向聲波武器，可發出高達一百五十分貝高能量聲波，其音量噪音令敵人無法忍耐。此外，近年大陸把南海戰術中位置重要的礁，利用快速吹填及上億噸鋼筋、水泥造出幾座人工島，機場、機庫、跑道、港口、掩體、火砲、導彈、補給線、駐軍等一應齊備，建設成海上長城，是保衛領海的堅強利器，亦為海上驚人成就。

雪鷹越南極

　　在零下五十八度左右的低溫下，中國大陸自製飛機，雪鷹601抗寒飛機，由南極最北邊的中山科考站，南飛至昆崙站，中途並繞過泰山站，共飛行九小時零四分鐘，返回中山科考站，航程約兩千六百多公里。這是大陸首架極地固定翼抗寒機，能飛越南極海拔超過四千公尺大冰塊，時速三百八十公里至四百公里，證明動力系統適應酷寒，續航能力優良可應付南極高原環境的複雜變化。機上配有各種科學儀器，可在飛行中獲取有價值的科學數據。現在雪鷹在南極各科考站間已飛行近三十次，合計三、四萬公里。過去大陸南極科考活動，主要靠破冰船和水上車隊，如今雪鷹號投入，將使科考進入新領域。在特殊高空數據掌控，可快速運補、急救支援等發揮力量。這些年來大陸南極科考，在科學家不畏艱苦、努力鑽研下，已獲多項成就，日後將作有系統的報告。

色情網站之毒害

　　早在十幾年前台灣《遠望雜誌》曾有一篇揭露美國CIA（中央情報局）機密計畫，以文攻整垮中國大陸的報導。在十幾樣方法中，最有效又徹底，能立竿見影的，就屬色情網站。若使青少年沉迷於色情戕害中難以自拔，進而爆發出各種後遺症，造成身心損害，甚至犯罪，直接影響上進心，思想失去正常，而成為極不健康的人，將是社會國家以至個人家庭的最大損失。這情形如普遍化，青少年間互相感染，群起墮落，確實會造成國家發展的危機，是殺人不見血的「另類核彈」，也是人類敗類才想得出來的陰狠方法。據媒體報導，大陸近年單在北京市就掃除五百多個色情網站，幾乎百分之九十的 IP 位置在美國。美國情報單位對中國的謀略色情攻擊，是針對人性弱點有效方式，宛如另類鴉片，遺害深遠。除北京市外，其他各大小城市，甚至農村應均有存在。政府應普遍調查，務必嚴懲，並追究源頭，了解色情網為何廣設在美國。

珠三角的威力

　　由於連結廣、深、澳、珠的大橋建成，很自然形成了「珠三角灣區」經濟體，涵蓋珠海、香港、澳門、深圳、惠州、東莞、廣州、佛山、肇慶、江門、中山等十個城市。估計年 GDP 已超過西班牙。單此灣區已達世界十三大經濟體，而美國經營多年的舊金山灣區，迄今仍只排名十八。據統計，二〇一六年舊金山灣區經濟總量約七千八百五十五億美元，而珠三角灣區卻高達約一兆五千萬餘美元。按珠江三角灣區有得天獨厚的優良條件，深圳已是科技大都市，香港是成熟的國際金融大都會，腹地廣大。珠三角灣區經濟體發展潛力被國際評為世界第一，而其 GDP 已超過西班牙。珠三角雖成形不久，但區域人民創造與研發野心勃勃，努力的目標多元，人才濟濟，並為了讓各種專長人才安居樂業，亦努力改進環境，成為理想的宜居美麗大灣區模範城市中。

威力四射的海中蛟龍

　　西洋人入侵神州，衰弱的滿清在船堅砲利下，只能挨打，簽下割地賠款，喪權辱國的一連串不平等條約。然而中國大陸在最艱苦時，卻對外打贏了十次侵略戰爭。及至改革開放之初，又粉碎美國陰謀顛覆中國大陸政權的「六四」險峻狀況，終致舉國團結建設現代化大國，掌握科技，深入研究，不斷創新，甚至時有創新直追西洋。目前在水中潛艦方面又有突破發展，新服役的核潛艦，其隱形性可不讓美帝專美，且可攜巨浪飛彈，射程萬餘公里，能輕易攻擊美國各地。「巨浪」屬潛射洲際導彈。新型核潛艦稱「晉級」，可發射十二枚巨浪導彈及裝上核彈頭，又安裝有特製聲納，易測出敵艦，化解威脅。大陸造艦快，改進更快，威力逐步升高加強。當今雖然美帝以邪惡眼神恨對中國崛起，卻因大陸之富強，有雷霆萬鈞的報復能力，令陰狠毒辣的美帝，不敢輕啟戰端。

「刷臉」成外銷熱門商品

　　由中國大陸企業研發成功的人臉辨識技術，不但內需市場大，海外市場也商機無限。這項人工智慧（AI）創新項目，正是目前人們最需要的東西。大陸相關的商湯科技、瞻視科技、依圖科技等三家新創公司，正向東南亞國家布局，計畫進軍新加坡、泰國、馬來西亞各國建立人臉科技銷售網。根據市場研究公司調查數據，二○二一年全球刷臉識別器市場約為六十五億美元。東南亞十一國總人口超過六億五千萬人，百分之四十九生活於城市，是各國急需此裝置的地方。目前各國紛紛與大陸生產人臉識別科技公司簽約裝設，並估計三年後，走入全球市場，商機約在兩千億美元以上。由於這一科技與人民生活息息相關，包括警方也需要防盜和捕盜設備、交通安全與機場快速通關等，可說處處都需要，而在日漸普遍設立的自助商店則更不能沒有「刷臉」裝置。

礁擴造變島成旅遊勝地

　　自古南海屬中國領海，有確鑿的具體證據，然自鴉片戰爭以來處處占中國便宜的笑面虎——美國，竟從萬里之外來搗蛋，就是不願見中國崛起強大。但美國無知，不知中國自古就有「無敵國外患者，國恆亡」的道理，換言之，就是自大陸改革開放開始，美國便不辭辛勞，從萬里而來製造障礙，挑撥大陸周邊國家，希望發生南海島礁爭奪戰和所謂「島鏈圍堵」，不想反而激起大陸奮起，多方努力與周邊各國利益與共，化解美國設下的各類障礙，加快了富強的速度。全民自強不息快步前進，突破層層險阻的政策，乃在美帝興風作浪劍指南海之際，在極短時間內將幾個礁擴造成島，有港口、機場和駐軍，又將三沙島建成海南之三沙市，各島除武力防守外，並開放旅遊，讓人民體驗海洋風光，使垂涎南海的美國不是滋味。所謂重圍亞洲落得白忙。

春運令世界震驚

　　從中國大陸「春運」的交通能力，展現出國力之強大。二○一七年「春運」，宛如地球上人類的大遷徙，總里程超過十二億公里，是從地球到太陽距離的八倍。這種交通能力已是驚天動地，震懾寰宇，更使外國人看傻眼直呼奇蹟。此次春節假期消費起過千億美金，是美國感恩節的兩倍花費。以上數據皆為美國精算師的報告。「春運」是由於中國農曆年假期十三天，工作在外的人要回家鄉團圓，或舉家出遊而來的運輸需求。據統計，二○一七年春運旅客發送量為二十九億七千八百萬人次，其中公路二十五億兩千萬人，鐵路三億五千六百萬人次，民航五千八百三十萬人次，水運四千三百五十萬人次，里程超過十二億公里。「春運」人口中包括大批在外求學的農村子弟、高級知識份子、時髦衣著的上班族群及在城市打工的農村青年。總之這種滿足億萬國民交通需要的實力，歸功於萬能的政府。同時也能看到中國人重視倫理親情及對鄉土依戀情懷，這也是西洋人不會裡解的文化特徵。

大陸汽車銷量九年世界第一

以往全球汽車年銷量都是美國最多，總在一千四百萬左右。但當中國大陸崛起，人民普遍富有，中產階層暴增，且道路交通建設發達，高速公路正向十五萬公里拓展，買車人數因此大幅增加，九年前即遠超過美國，成為全球汽車購買人數最多的國家，近年來年銷量總在兩千八百萬以上。二○一六年大陸汽車產量兩千八百十一萬多輛，銷量兩千八百萬零兩萬餘輛。產量跟銷量分別年增百分之十四點五和十三點七。九年來每年都在增加。由於一點六排氣量小車購車稅減半優惠將停止，故預估二○一八年底前汽車銷量還會大量增加。二○一七年銷量已至兩千九百四十萬輛，故車商認為未來五到十年，仍將平穩正成長，「世界最大銷售國之名」亦將繼續保持。如今大陸進口車將大幅調降關稅，各國車商必競向大陸市場湧進，榮景可期。

征服天險的高鐵鋪軌工程

　　中國大陸改革開放時，民間有一句順口溜，即「要致富先開路」。這話說得不錯，大陸在改革四十年中，無論空中、海上、陸上的交通，繁密成世界之冠，特別是陸上交通網，凡有人居住之處就有公路到達，高鐵超過兩萬五千公里，高速公路十幾萬公里，其他鐵、公路密集四通八達，以春節假期運輸計算竟能讓三億多人民靠現代化交通公具返家或旅行。單以積極建設的高鐵而言，已將最難建的各路段打通建成，特別是貫通秦嶺，發展西部重鎮西安及成都一帶的高山與大橋。西安至成都高鐵有全長十四點八四公里隧道，最深處一千一百八十五公尺；而西安至蘭州只需三小時；寶蘭段隧道全長四千九百二十六點二五公尺，最深處三百六十公尺。由於高鐵建築工程技術不斷創新，科技工具日新月異也時時改進，已成為世界一流水準，專業學問傲視全球。自然財富隨之而至，加上「一帶一路」迅速開通中歐班車，孫中山先生所期盼的「貨暢其流」已成事實。

中國自古善治水

　　中國大陸自大禹治水至著名的都江堰，都可見識到古人的智慧與能耐。都江堰是春秋戰國秦昭王時，四川郡守李冰父子建成，工程浩大，受惠於農田面積廣闊，使四川千年來沃野千里，迄無水患，至今仍發揮水利調節作用，亦為觀光盛景。然而今天中國大陸治水透過科技，在治水技術不斷精進，更有驚人偉大工程出現，如長江三峽大壩、黃河小浪底大壩、南水北調，以及將完工的宏偉工程，即在秦嶺山底下，挖一條百公里長的大口徑地下輸水隧道，被名為「引漢濟渭」。此隧道開通後，可把長江主要支流漢江豐沛的水，輸送到黃河最大支流渭河，也就是每年要把十五億立方公尺的漢江水，調到關中，讓黃土高原獲得滋潤，西安地區居民不再為缺水苦惱。大陸自古就有許多地方乾旱和洪澇成災，現經連年治理，過去造成嚴重傷害的水、旱天災已不再發生。

中國大陸是孫中山建國方略
擴大發揚者

　　真正愛我民族的孫中山先生，生前寫出的建國方略，建國大綱和實業計畫等宏偉藍圖，百年後——由中國共產黨，引領全國同胞加倍實現。孫中山先生地下有知，必含笑九泉。大陸崛起，不再受列強欺凌，人民生活堪稱安和樂利，這就是中國人所盼望的。台灣一位頭腦清楚，近百歲的上將就一再強調他投身軍旅，目的是保衛國家，國強才有一切。如今能把國家建設富強的，無論什麼黨，都是人民樂於支持的，這也是他年輕時投身軍旅所期望的。今天侷促一隅的國民黨，對大陸建設無能為力，而主政大陸的共產黨卻把孫中山先生的復興民族，此一偉大藍圖作驚人的放大實踐。他們把政治制度修成最合國情的「中國特色社會主義」，政治採專業選舉，永遠是精英治國，又避免多黨惡鬥。這被歐洲學者深入研究，認為是走在時代尖端的好制度；而西洋民主制，則被認為是黨派惡鬥，外行選外行的制度，正如醫生、工程師若由投票選出，其荒唐危險不言可知。

五代戰機之後的殲 31 亮相

　　廣受各國矚目的五代戰機殲 -20B，至少量產五百架服役。估計每年可出廠百架，可供四個航空團。殲 -20B的發動機有俄製與自製兩種，預計近期各工廠將合計生產五百架，供解放軍空軍作為主力戰機，屆時將超過美國及其盟國在亞洲部署匿蹤五代戰機的總和。在殲 -20B之後，大陸又研發出自主設計高性能的殲 -31，採用自製的理想引擎，名為渦扇 13A，推力強，其隱形能力超過殲 -20。據報導指出，殲 -31A戰機為輕型戰機，適合為航空母艦艦載機，也可作外銷盟國空軍之用。由於其具隱形特色，且價格競爭力強，性能突出，作戰條件優越，雷達與火力雖稍遜於美製 F-22、F-35 外，但應超過其他國家主力戰機。目前大陸除導彈外，各軍武硬體機、艦，及軟體均大力研發創新，走上科技大結合，服務於解放軍各軍種。

智慧報刊亭的出現

　　經媒體報導，在浙江省金華市，出現一座綠色郵政「無人智慧報刊亭」，長方形像個小屋般坐落大街邊，十分美觀。這座如精緻小屋的報刊亭，不僅可購買和借閱書籍，還備有自助飲料販售。這座美麗的郵政智慧報刊亭，面向人行道的一面，是「漂流書屋」和報刊自助購買區；兩側玻璃櫃中，放置各種飲料，以及供九種品牌手機的充電區。書籍放於三十三個透明小箱內，和五個透明大箱，六個存取櫃，在三十八個透明箱內存放當天報紙、當期雜誌。購買時只需點擊觸摸螢幕下方的「售」、「件」、「書」（即購買、存取件或書），輸入手機號碼和驗證碼，選擇報刊名目及支付方式，即可從箱內取出可要的報刊。也可用微信、支付寶或現金支付以方便外來客，亭內物品標價清楚、使用方式易了解。

刷手機取貨世界獨有

　　此前凡到中國大陸的觀光客，或商貿、公幹人等，無不對大陸人民出門不帶鈔票就能大包小包的把要買的東西帶回家，或人在家中坐透過手機一敲，蔬菜水果、餐點、生活用品等，只要市面上有的商品，都會送到家。最特別而筆者親身體驗的是寄信或包裹等，不必去郵局，透過手機處理，郵差便會告訴何時取件，並用「帶秤手機」告以重量和郵費，手機一按就完成，真是貨真價實服務到家。筆者心想兩千四百多萬人口的大都市，生活卻如此便利。現在又進步到大街小巷商人放置雜貨販賣機，並用「刷手紋」取貨支付，此是另類新科技，用在普遍擺設的智慧販賣機上。這對日式便利商店產生局部威脅，尤其這種販賣機無須租店面和支付員工薪資，故成本低，售賣的商品自是物美價廉，取貨付款「刷手」完成。此模式已是大陸零售業新寵，為各國羨慕的「無鈔購物世界」。

三千里送冰箱的故事

在中國大陸九百多萬平方公里大地上，地處偏鄉，位在崇山峻嶺中的西藏墨脫縣，二〇一六年底，成為全大陸最後一個接通光纖網路的地方。於是該縣德興鄉門巴族教師拉傑，透過網購便買了一個價值九百九十九元的冰箱。這個被稱為世界上最難送的冰箱，從三千公里外的成都發貨到拉薩，再穿越十幾座海拔五千公尺，空氣稀薄的崎嶇高山，由五位司機輪番接力駕駛，十一天後終完成售貨送達目的地拉傑老師家裡。消息傳遍後，鄉民紛紛前來觀看，像聽故事般興趣盎然。從此電商進駐，各種家電，衣物、生活必需品、新鮮產品均網購到手，且家家戶戶先後採購電腦，上網吸收新知，農業增產，手工藝品找到商機，使偏鄉與繁榮都市頓時拉近了距離。從萬里江山似近在咫尺。

地效翼船驚艷

　　地效翼船利用充氣與地面產生漂浮力的原理，機體上方設計似水上飛機，可在水上行駛，又可飛行於水面，宛如飛船般，具有海上巡航、偵測、救援海難、海洋探勘、軍事任務等多種用途。它是一種水陸兩用、巡航性佳，可快速運送人員及物件的無人駕駛載具。這種軍民兩用無人飛船，尚屬世上首架。船身長七公尺，翼寬六公尺，水面行駛每小時一百六十公里，水面爬升高度五百公尺。耗油量極省，荷載量一百五十公斤，起飛重量四百四十公斤。這種「地效翼船」由於無人駕駛，多用途，軍民需要量大，研發之浙江省安吉縣科研單位認為遠洋漁業更加需要，可快速運送人員及補給品等，在軍事方面如發生戰爭，亦可幫忙避免與減少在執行戰爭特殊任務時的人員傷亡。在即將大量生產後，吉安縣必因此商機而更趨繁榮。

造艦一年三十艘全球稱冠

　　美國媒體曾稱中國大陸新船下水如下餃子。原來因為大陸造船廠多海港多，海岸線長，沿線大小造船廠不下二十個，加上人才多、技術人員多，在「中國速度」可分班二十四小時工作方式下，一年可造三十艘各種型式戰艦是很自然的，這速度在大陸看來，只是正常而已。因為造超大噸位如航空母艦，也有三個造船廠的規模可以承造，故各廠聯手，造一艘航母只需三年。因此在一年內，可下海服役的，包括飛彈驅逐艦一艘、飛彈護衛艦九艘、坦克登陸艦五艘、綜合補給艦三艘、兩萬噸級火力強大艦隻四艦艇，各式新艦大小超過十五萬噸共三十艘。這在二〇一六年統計時，已是全球第一。據報導此數目會一年比一年增加得快，且在性能方面也將推陳出新，越造越精良。

機器人當中醫

　　大家都知道，中醫能觀氣色、看舌苔以斷定病況，但必須透過把脈。如今電腦技術進步，製出的機器人，更是集人腦智慧之精華。由人腦的設計，已能在圍棋上獨放異彩，贏過高段棋士，而今中醫將看家本領輸入機器人，以機器人能做到極細微敏感度，再輸入千變萬化的疾病辨識，等於造就了一位良醫助理，協助中醫看診。這種機器人把脈為中醫診病作參考，已開始在中國大陸推廣。利用機器人把脈好處很多，在八十秒內可把把脈所得結果報告發送至手機上。機器人能迅速了解人體十二經絡及五臟六腑健康狀況，甚至人體「元氣」、精神壓力、陰陽虛實、心血管狀況等一應問題一次總結展現，更不受外界環境吵雜或醫生心情等干擾影響。應是中西醫看診的好幫手。

上海的無人麵店

　　由機器人主廚，食客選擇各人喜歡的口味，線上付款後，只要等四十五秒，一碗由機器人煮的麵，便熱氣撲面送到客人面前。這是結合上海、香港、台北三位青年創新創業的成果，他們分別是上海馬齎、台北彭思舟、香港周劍光。三人從閒談中找到創業靈感，進而作此無人麵店的設想，並努力使理想實現。他們曾到各地參觀形形色色不同口味的麵食，並尋找合適的機器人。終於要找的「生財工具」一一齊備，並取得營業證照響亮開業，加上機器人麵店本身具號召力，麵食選擇多，口味適應力強，而且出餐快速，極合大眾要求，付款亦簡便，因此生意興隆，財源滾滾。為了應付大量消費者，他們必須展店，而在短時間內已在上海開了一百家。此外，計畫在北京開設一千個機器人主持的麵店。這種無人店，應是世上僅有的奇觀。

專供外銷的戰機

戰鬥機外銷市場，原是以美、俄的天下，英、法等國也各有一席地。如今中國大陸卻以物美價廉性能好，加入戰機的國際市場。據美國媒體了解，中國大陸與他們搶市場的戰機代號「鶻鷹」，意即如敏捷狡猾難纏之隼般。其原型機為「殲 -31」的 FE-31，也屬隱形戰機的一種。美國媒體指出，中國正以性能可觀的戰機吸引國外用戶，以與美國搶市場，很可能未來美國戰機在戰場上，會遇上中國戰機而兩機較量。目前殲 -31 與 F-35 相比，後者仍是國際市場熱銷貨，美軍方將添購 F-35 三千五百架。而中國 FC-31 正急起直追，尤其在隱形技術上進步神速，其尾翼設計特別，前後緣角度幾近平行，足以減少雷達反射。這種戰機已引起美國相關單位重視，增加美軍在干預他國事務時的危險性。

彩虹 -5 各國搶購

　　近年各國都在研製無人機，大大小小各式各樣，尤其美國專以軍用為研製目的，致有「掠奪者」出現，其名稱便有強烈的侵略性，霸氣十足。然而無人機的研發，中國大陸卻是強項，名稱也柔和，叫做「彩虹」。新研製的軍用無人機「彩虹 -5」，具偵察、打擊於一體的特點。總體作戰能力已領先「掠奪者」甚多，並且造價低廉，成為國際市場的搶手貨。「彩虹 -5」翼下可掛十六枚不同型的空對地飛彈，載重一噸，起飛距離短、航時達數十小時而油耗率低，這點也遠超過「掠奪者」。「彩虹」系列採用 S 型進氣道，噴氣發動機，易避開敵方雷達探測，更能在惡劣天候下，執行複雜任務。當「彩虹 -5」裝上通訊指揮設備，可編組成隊，聯合監測、打擊，也能改製成預警機，擔任區域偵察、干擾或打擊。現已銷往伊拉克等國。

名聞遐邇的義烏小商品

　　義烏雖為小城市，但由於居民精明幹練，團結互助會做生意，改革開放後，義烏人依當地條件發展出與人們生活息息相關的小商品，並很快由內銷擴展到外銷，幾年後成為各國小商品大批發商聚集之地。特別是義烏人的頭腦靈活，手更巧，外國商人只要想出要的新式樣，他們會立刻做出來，量再大皆不是問題，義烏人可全體支援迅速交貨，故商場信譽也為國際商界津津樂道，義烏招牌在世界商場頗為響亮。過去他們商品多由海、空輸出，成本高利潤薄。但如今往中歐都有火車大量出貨，時間最經濟，可節省一半以上。且到中歐列車，可直接從義烏發車，經阿拉山口出國、奔哈薩克、俄羅斯、白俄羅斯、波蘭、德國、比利時、法國，再穿越英法海底隧道，抵達英國倫敦，全程一萬兩千四百五十一公里，只需十八天。義烏小商品年銷各國，總計在六億美元。今後列車所經之地皆是商貿繁榮之處，外銷和進貨來回賺，也給沿線國家開創銷產品到中國大陸的黃金孔道。

曠世科技領先全球

　　中國大陸深圳柔宇科技公司創立五年多，已擁有五十餘億美元，員工由三、五人，發展到來自十五個國的精英專業一千八百人。柔宇科技是全球成長最快的獨角獸公司之一，目前又投資一百一十億人民幣，建設全球第一條類六代全柔性顯示屏大規模生產線，將在深圳量產。據介紹，可折疊設計的 3D 移動影院，戴在手上的可捲曲的手觸手機、弧形的柔性汽車中控、可收縮到原子筆大小的鍵盤，另有各種世界首創的電子產品玲瑯滿目。深圳國際低碳城即將落成，面積四十萬平方米，每年可出產五千萬片柔性顯示屏，可支持大量消費電子、智能交通、智能居家、運動時尚、教育辦公、機器人綜合智能等各行各業的應用。柔宇所有創新獨步全球的產品，都是自主設計，其性能和品質亦世界頂尖一流，現已引起各先進國家注意。

世界上最長的高鐵

中國大陸高速鐵路，已超過兩萬五千公里，在大陸形成八縱八衡，仍在積極擴建中，要形成全國各地不出一日或半日交通圈，且由於高鐵坐起來準時、快速、舒適，賽過飛機，搭乘者日眾，乃出現全球最長高鐵紀錄，也就是擁有十六截車廂的高鐵列車，非常壯觀，一次可載旅客一千一百九十三人。其時速可固定在三百五十公里，一次載客量是過去復興號的兩倍。這世界最長高鐵中，有專供商務用坐車車廂、乘客充電介面、USB介面、微波爐服務、照明可變換，冷熱光可選擇，寬敞的無障礙廁所、穩定的WI-FI上網。至於高鐵車廂寬大，快速行進平穩如居家客廳，絕無搖擺震動感覺。亦為繼「動車」之後，「復興號」百尺竿頭重點改進之處。（此指平穩以外的微調，如微波爐、隨座手機充電等，平穩是高鐵的基本特點。）

「刷臉」將普遍化

　　在大陸出門不帶鈔票，只帶手機就等於鈔票，使各國觀光客視為神奇，現在更驚豔的事發生了，人們只憑一張臉，連手機都嫌麻煩了。最近大陸武漢機場，旅客登機時，透過「人臉辨識」輔助驗證，再出示手機 QR Code 與身分證就完成報到、安檢等程序。目前機場已在一百三十多個安檢、九十多登機口中裝設「人臉識別」輔助驗證系統。機場人員透過攝影機捕捉旅客的臉後，人臉識別系統與安檢訊息系統同時出現在螢幕上，立即與身分證對比，實現「人證合一」的輔助判別。這一過程，不到一秒完成，其準確度幾乎達百分之百。現在大陸各大機場決定儘快實現「人臉辨識」，簡化通關時間，實現無紙化及維護環保。至於託運行李、身心障礙、兒童，則乃需透過櫃台報到程序，將如何簡化正研究中。

中寮鐵路動工

　　中寮鐵路是中國大陸與東南亞經貿大交流的開端。這條深入結合東南亞的偉構，是跨國鐵路的前段，現已開工，全長四百多公里，其中百分之六十二點七為橋樑，和隧道，全程有三十二個車站，時速一百六十公里。建成後即與西亞各國相連結。這鐵路北起大陸雲南與寮國磨丁，南至寮國首都永珍。全長四百一十四公里多，預計工期五年完成，未來可由中國大陸與中南半島各國構成鐵路交通網，更可納入東南亞各國，成為共同繁榮，經貿交流的重要管道，此鐵路也能到達新加坡。大陸另一鐵路也值得一提，即粵藏鐵路，列車可到拉薩貨運火車站，再由汽車將貨物運入尼泊爾。而未來東南亞各國均可透過鐵路，成為其與大陸經貿最佳管道，比水路更便捷。當大陸與東南亞鐵路全面貫通，自然成為經貿一體形勢，共同發展，貨物交流榮景可待。

歐亞新絲路

新絲路單就「班列」火車而言，它可由北京、天津、大連、連雲港、南京、合肥、石龍、二連浩特、長沙、滿州里、烏蘭烏德、阿拉山口、霍爾果斯、蘭州、阿拉木圖、塔什干等鐵路，分三條到歐洲莫斯科、明思克、杜伊斯堡漢堡。從中國大陸火車到歐洲約在半個月左右，比海路省時又安全。目前大陸有三條直通歐陸的「班列」，使沿途國家注入經濟活水，而班列進出已滿載貨物，近年應各沿現國家需要，班列車次將由每年行駛三千六百班次，增加至四千班。據了解現在沿線貿易已過一兆美元，是加惠沿線各國，促使歐亞共同發展，共同繁榮無限擴大的最佳契機。今後這幾條歐亞孔道，除支線正不斷增多外，各國將定期會商擴大之道和有效簡化手續，使班列功能更加簡化。減少不必要的停留時間，則班次可大大增加利於經貿。

NGO 是極不正常的訴求

　　有人認為 NGO 是超越國家的大愛，殊不知是「不會爬卻硬要跑」的思維，立意雖好，但難保其中另有文章。台灣某名嘴自以為是，對我中華文化所知太少，才會趨炎附勢，瞎起鬨。如果多看點儒家哲學，我們古聖先賢不止提倡泛愛眾，以至世界大同，尤其高於 NGO 所謂的大愛，只屬「人之初性本善」之愛。最重要孔孟之道，是要人類遠離禽獸，像個高等動物——人。並指出「人」的心中只有仁愛，甚至及於禽獸。人與人之間除互助互愛，還要遇事利己利人。所謂修身立本，才能談其他。如今有些人的本源仍未改變其叢林原始格局——衣冠禽獸，便好大喜功投身 NGO 大愛，是捨本逐末的傻愛，是人類性善的反射，雖立意善良，但極浮面，非根本傳愛之道。且看美國對 NGO 管控為世界各國最嚴，絕不讓其發展，即知 NGO 之大愛，大有問題。基本上，大愛不能發自衣冠禽獸，否則這愛是有問題的愛，有政治目的的愛。台灣某名嘴見「愛」心喜，徒綻無知、天真與幼稚。

油管工程驚世界

　　為了避開美印「無風三尺浪」，願意興事糾纏，中國大陸已繞過易被卡住的馬六甲海峽，建成西北油管和冰上絲路，把亞馬爾港裝船的石油、天然氣走北極航道至上海，現在中國大陸的大油管已鋪設至中東，經西亞直通伊朗。如此與大陸西氣東輸油管相接，只這部分就惠及約千億人民。儘管大陸不斷尋覓新能源，以清潔能源作為替代，但人民不能一時缺少能源，故必須時刻努力設法滿足人民需要。如今各國經濟命脈必要的石油、天然氣，過去大陸百分之八十石油需經咽喉般的馬六甲海峽，極易被卡住，現石油和天然氣均可不經該海峽而從大油管和冰上絲路，源源輸入大陸，再分送各省，滿足十幾億人民生活需要，也是只有全能政府，精英治國才有此遠見。凡事皆能有先見之明，以人民福祉為先，即政治專業治國，此種人才絕不可百姓胡亂票選，而必從政治體制中，政治專業中推舉，避免歐美式外行選外行之弊。

淺談台灣政治

　　談政治，不得不談較好和太差的明辨。先談「政治」。按畢生研究政治的孫中山先生說，「政治是管理眾人之事」。也就是說它是極端專業的工作，絕不可任意讓外行人參與政治，造成禍國殃民。如今西洋與台灣之外行人要選非政治專業者，投票者和被選者正如關乎人命的醫生卻用票選產生，造大樓的工程師也由市井小民票選，其結果不言可知。然而大陸卻是走「政治專業」制度，政治工作者一開始要有心理準備長期為民服務的理念，充實博古通今的廣闊知識，然後從國家最基層幹起，走入群眾深入民間，磨練解決民間疾苦，培養執行國家政令的能力，如此日復一日步步升遷，如能維持特優，乃有機會經層層考核推舉至中央，有機會由政治專業中脫穎而出被推舉為領導，故稱為「內行選內行」，成精英政治，才能使國家大發展，人民皆能安和樂利。此關乎國家興衰、全民福祉、外抗強權等大事，不能由來自百行百業且知識水準參差不齊，對政治外行者互選。

絲綢之路光耀古今

　　中國古絲綢憑著浩浩蕩蕩的駱駝大隊，不停將中國特產絲綢及其他工藝與藥材、茶葉等銷往世界。如今的一帶一路，大陸透過洲際跨越之大公路與鐵路，包括最受世界關注的「東方快車」它已穿過千山萬嶺，飛越大原野，串連起「財富之路」參與歐亞大經濟軌道。成為歐亞新經濟組成份子。以大陸緊鄰哈薩克為例，中哈合資其三百三十公里重要高速公路多年難修建，大陸參與後新路很快建成。而巴基斯坦港口擴建、新機場建設等，一一得帶路優惠。總之一帶一路之現代化，使沿線各國增建了必要的基礎建設，奠定配合發展，達到貨暢其流，增大與參加一帶一路經濟體，成為連結各國成員，是共贏經濟一員。陸上絲綢之路長途貨運「班列」火車，沿途國家已大發利市，每年經濟總合已超過一兆美元，且正不斷增長中。

世界第一大黨

　　據目前統計，中國大陸中國共產黨員共有八千九百餘萬人，是全球各國政黨中黨員最多的國家，黨員數甚至超過許多小國和地區的人民，堪稱世界第一大黨。它的特點是全黨最高目的是聯合各黨各派全力為人民謀福祉，為建設民主自由的「中國特色的社會主義」而努力。二〇一八年是中國共產黨九十七週年紀念，該黨由幾位愛國的讀書青年發起成立，期間經過國民黨的奪權殺機，及至被逼走上武裝革命之慘烈鬥爭，對外要抵抗侵華強權，憑智慧與巧鬥戰勝血腥，一心滅共不惜要出賣大片國土外蒙的歷史罪人與共黨展開生死鬥，終因喪失民心而敗退台灣的國黨。中國大陸改革開放後，已為幾億人脫貧，預計兩年後十四億人民皆享有小康。至於自由民主，其建黨後已徹底實施；政治方面，一貫採「政治專業化」政治必須從基層培訓養成，並不斷有黨校協訓，使理論實務相結合，經由基層磨練至省、市領導，並按能力參與更高治理機會，才有被推舉為全民領導的機會。故是最理想的選舉。

機器人送貨奇觀

在北京市各大街小巷，常見送貨機器人，忙碌著四處送「快遞」。這是近年「新零售」業務發展太快，每年有十億件以上的包裹，互聯網企業騰訊、阿里巴巴、京東等，乃研究出無人配送系統，除由無人機低空配送外，又把主力配送由機器人代勞。目前大陸已在北京、上海、天津、廣州等幾十個城市，用自動配送機器人專案布局。儘管擔任送貨的機器人增多，但對人員快送影響不大，原因是許多業務仍必須靠人員辦理，且包裹實在太多，有增無減，須靠人機總動員才能應付。以開機器人送貨先河的北京市為例，其常態化配送，機器人透過調度平台命令，自動奔向訂單配送目的地。機器人造型大小不一，最多可同時配備三十個取貨箱，行駛時速十五公里，安全可靠，在途中它的雷達作三百六十度環境監測，自動避開路障、車輛、行人，會識別紅綠燈，作出行止反應，以及自動停靠配送點，通知取貨。用戶可選擇人臉識別，或輸入驗證碼、點擊手機 APP 等任一方式取貨。

大陸人臉辨識將大爆發

　　在德國漢諾威數位科技展中，中國大陸阿里巴巴董事局主席馬雲，用支付寶的刷臉友付功能，買下一張一九四八年漢諾威紀念郵票。這一動作在當時（二〇一五年三月）曾造成轟動。如今事過三年，大陸刷臉科技不但商業化，且正普遍應用到所有生活接觸的事物中，可進步到代替手機在 AI 方面所有用途，而更便利、安全可靠和更快速有效。此一「曠世科技」獨角獸的研發，由曠視科技三位創辦人，印奇、楊沐、唐文斌三人，將人工智慧製造成中國「最聰明的獨角獸」，而成功做到了人臉辨識科技超臉書。也因此唐文斌等三人，入選美國「麻省理工科技評論」全球五十大最聰明公司榜單，並獲巨額融資，刷新全球人工智慧領域單輪二十億美元的最高紀錄。對未來新的人工智慧研發注入更強勁動力。

回鍋肉拼申遺

　　名揚世界的「中國菜」口味一流，各地菜色均有獨到之處，如揚州炒飯，已獲世界專利，材料、米飯、火候等均有嚴格標準，故在大陸任何地方所吃的揚州炒飯，皆如同在揚州一樣好吃。現在大家都吃過或聽過的四川名菜「回鍋肉」，凡在台灣點此菜，味道卻五花八門，好吃難吃各異。但在大陸則不同，那只有一種口味，就是好吃。它是中國飲食文化中，四川味裡一道名菜。據考古「回鍋肉」早在北宋就有了，距今六百五十多年歷史，古書記載，至明朝便已「定型」，即豬肉油爆炒，切片，以少量醬油、酒、花椒、生竹筍絲、笈白絲同爆炒，便名「回鍋肉」了。在清朝末年又加入豆瓣，成為川菜中的名菜之一。據說因國內外喜愛川味者在品評十大川菜中，「回鍋肉」均列第一。如今能做出一百多種花樣，且樣樣好吃稱上品，「回鍋肉」作為一項具特色的佳餚，已申報為世界非物質文化遺產，將把其正宗好味道廣為流傳。

亞洲唯一快速安檢的
毫米波技術

　　中國大陸機場，將是繼歐美之後，在亞洲第一個採用毫米波人體成像技術，使旅客更能在安檢時，不再接觸金屬探測器而快速通關。這技術可立刻有效檢測出在衣物覆蓋下，藏於人體各部位的物品，包括金屬物等。毫米波技術對人體無害又有穿透力強的特點，今後大陸各機場使用多年的金屬探測門，由毫米波無形安檢技術取代，旅客會體驗到更加安全、高效的人身安檢服務。談到大陸對新科技的運用之快應是世界之首。對新科技的開發如雨後春筍，且廣泛用於人民生活中，包括大隊人馬聲勢浩大的廣場舞，大媽也受益。由於廣場舞擾人，現開發出智慧系統，使震撼的聲音定向投射，如手電筒照射的光，把聲音控制在設定的區域內，外面則不會被聲光干擾。目前蘇州大廣場已安裝此系統，功效驚人，更妙的是大廣場內幾乎不同隊伍可以各跳各的舞曲，不會相互擾亂，觀光客見此亦讚歎稱羨。

可在血管游走的微型機器人

　　中國大陸又有一種機器人，可在血管內運送細胞，達到醫療功效。大陸香港城市大學研究團隊，利用 3D 列印技術，製作微米球型機器人，利用磁場驅動，把細胞運送到活體生物體內的指定位置。此一技術，對於再生醫學的臨床應用，具有突破性成就。相關論文發表在美國學術期刊（科學）雜誌。這項成就在國際上，能採用微型機器人，在保證細胞附著、增殖和分化的前提下，實現在活體內定向運送細胞。該研究團隊曾製成多種奈米機器人，最後仍認為球型最好，放入血管利於運行，使磁力驅動、操控更便利。能促進體內組織融合。在經過幾種醫用鼠類試驗，證明微型機器人可以精準把可分化的幹細胞，運送到損傷的組織上，進行完美修復。這是繼機器人（奈米型）替代各種內試鏡後，又一奈米（微米）機器人在醫學上的貢獻。

汽車革命的必要

　　由於人有疲勞、恍神、突發疾病、年老反應遲鈍、酗酒等情況發生在駕駛台上，造成人體傷、亡，因此大陸為防止每年成千上萬死於這些情況的民眾，乃大力發展研製無人駕駛智慧汽車。這將是世界汽車革命之創始。不但如此還要改變交通設施加以配合，於是人工智慧、5G、大數據、物聯網、雲端等新科技，均進入交通改善革新計畫中，成為新產業重點。今後大陸將在無人汽車研發同時，發展道路設施改進，並變革都市形貌，三方面搭配新形態，使都市更美化、現代化、超宜居。即安全又繁榮、舒適、進步。大陸智慧汽車發展因有政府大力支持，研發速度快過其他國家。目前碼頭裝卸、倉庫進出貨品等皆可二十四小時作業且比人工快速，而街道清潔夜間出專屬車早已上路表現突出。故無人駕駛汽車之普及，估計不久的將來可實現。據大陸研發無人汽車機構稱，他們工作主要在維護交通安全。減少人為傷害。

海空無人載具的軍事突破

　　有關水下掃雷、布雷，精準攻擊航空母艦、擊毀一般
艦艇，大陸已研發幾種海底無人潛艦，屬半自動智慧形攻
擊神器，敵人防不勝防。此在北京國際性軍事裝備博覽會
中，令其他參展的美、德、法等二十餘國驚艷。中國大陸
醉心於無人機、艦研發，不但減少戰爭中人員傷亡，且智
慧型機艦有形體小、「身手靈活」，敵人難發現，尤其「不
畏危險、不怕死」等特點。在數十家參展中，儘管有各國
新航太、兵器、船艦、光電、通訊、電子元件等共數千種
創新軟硬體，但像大陸將軟硬體充分用在無人機、艦之
專項搭配，尚屬少見。至於無人機不斷研究改進創新，設
計裝上多目標性軟體，恰如本事高強，身懷十八般武藝的
大遊俠，飛翔於九天之上，可空對空作戰，又能擔負對地
面特定目標轟擊。由於它們都有「不怕死」特點，自是令
敵人膽寒，這同時也突顯了人口大國政府對人命之保護與
珍惜。

四川巴中鄉村農舍入選世界最佳農舍

　　巴中鄉原是偏遠小鄉，房子破舊，均為土坏建造，低矮、潮濕，曾遭兩次天災，在這十年內幾乎毀村，突然一次因大雨造成的土石流，致村內三十九戶住處無一倖免。所幸屋毀住民均及時轉移，未造成傷亡。於是政府安置各地，其中二十多戶村民希望集中回鄉重建，乃請到香港大學建築學院兩位副教授設計出美觀又實用的特色農舍。這一美侖美奐的夢幻農舍群，在該村選到安全地帶十畝地，設計每戶面積一百六十多平方公尺，兩層建築，另有社區活動中心、沼氣地、統一汙水處理池、淨化廢水的蘆葦濕地等。房屋皆具抗震性，結構堅固。房屋均為巴山紅葉顏色，屋頂為小菜園，為梯田設計。可種花增加美感。各屋依山建築錯落有致，屋頂有自來水，雨水有收集設備。林內道路相通，每家門口有產品陳列攤，在自家門口可銷售產品，形成便利市集。每屋有內庭，可見天空。而從遠處看巴中鄉，每棟農舍宛似一朵盛開的花，終獲世界建築雜誌入選「世界最佳農舍」。

美國最不願見的造島神器「天鯤號」

　　亞洲最大，世界第三的疏浚與抽沙造島神器「天鯤號」，其造島速度堪稱全球最快。這可從南海中，以最快速度將七個島礁變成島，且有機場和供飛機起降的跑道，隨之防禦設施如雷達、導彈、港口等陸續安排就緒，使遠在萬里之外，專注意中國快速崛起，挑撥亞太各國與中國交流，合作發展，且不時以軍機、軍艦硬闖南海，於中國領海中橫行的美國不滿。因此大陸不得不在極短時間內建成七個島在各島作了必要建設，有的島並成觀光勝地。這是狗眼看人的美國最不願見的，曾為此叫囂不滿。現在自主建造的大型吸沙造島挖泥船「天鯨號」，其吸沙、挖海底土石等速度之快，已被稱為神器，而今又有亞洲更大性能世界之冠的「天鯤號」參與海下作業附帶有特殊雷達及探勘裝備，尋找清潔能源（中子能）為傳統核電最佳替代原料。

衛星產業將帶來大筆財富

　　目前大陸有兩百多顆衛星在太空軌道中，而出口的衛星也賣了二十三顆。一般看好的新興行業，且不是一般國家有能力競爭的，就是衛星應用產業。二〇一八年底前，大陸最少還要發射十八枚「北斗組網的三號」衛星。可為一帶一路沿線國家和地區提供服務。兩年後將完成全球組網，為世界各地用戶服務。多年來衛星資產被大國視為重要資產，而中國大陸在這方面有獨到發展，致舉世矚目。用於利民產業方面的，有通訊、導航、氣象、大數據、遙感觀測、空間資訊、雲計算、物聯網等高新技術融合，促進經濟轉型升級的重要推動力量。大陸這些年來從第一顆衛星升空迄今已成功發射衛星四百餘顆，現在太空軌道上運行的有兩百多顆，今年上半年便發射了十七顆。未來對一帶一路沿線國家將一律免費服務。大陸已和二十六個國家和地區簽了八十個出口合約，讓需要衛星但用不起衛星的國家，也能用上中國的衛星。

網路法庭世界獨有

世界上互聯網最發達的國家中國大陸，又為了便民，正在推廣網路法庭，打官司不必出門。這在官司擁擠，各地法庭不足的台灣，應是令人羨慕的便民方式。所謂網路法庭，正確名稱為「互聯網法庭」。大陸最先設立，也是全球首家的網路法庭，設在浙江杭州市江干區，二〇一七年八月正式於杭州鐵路運輸法院揭牌。主要審理與網路相關的一審案件，網路法庭設有「網路訴訟平台」，當事人透過手機號碼與人臉辨識建立帳號後，就能在該平台線上提供訴狀與證據，由起訴至立案，全程只需五分鐘，當被告收到訴訟資訊後，也可使用該平台答辯，故原告被告很快透過網路完成所有審理程序。訴訟費用經系統計算後，當事人可用支付寶或網路銀行繳納。因這一網路法庭特別便民，各地均在跟進中，短期內必將普及。今後大陸人民打官司不出門，且不論身在天南地北，不需舟車勞頓回到原籍地，照樣可迅速辦妥。省時省錢，目前成都亦設立了網路法庭，庭訊可用視訊完成。

造價低威力大的電磁砲

　　電磁砲的新聞早在數年前便曾報導，主要介紹美國及中國大陸均在研究。唯在成就上當時報導美國較強，但近年則顯示中國大陸超前。據二〇一八年六月二十三日《聯合報》報導，美國媒體引述美國情報人士報導，中共軍方正測試全球最強大的軍艦電磁砲。按電磁砲以電磁軌道為動力推出砲彈，其射程、速度、精確度等都較以火藥為推力要佳，且成本特低。而最引人注意的是，其推出彈頭速度達每秒一點六英里，即二點五七公里。美國、俄羅斯及伊朗，均在研製電磁砲，根據美國情報證實較成功並裝載軍艦，已證明技術成熟。按估計中共電磁砲但每顆二點五萬美元至五萬美元，而一枚戰斧巡弋飛彈則要一百四十萬美元。外界估計中共自二〇一一年即開始在測試電磁砲，而同時期俄國、美國也不時傳出測試，但迄今未獲得具體結果。如今的報導，大陸進度已領先美、俄，接近布署。

中國品牌撼全球

　　今日中國已遠離仿冒，各類商品走向自主設計，獨創品牌。其經濟實力不斷提升，加上貨真價實的優良產品銷往世界各地，曾有全球性調研機構，在「最具價值中國品牌百強」中，騰訊、阿里巴巴、中國移動等榮登前三名。而騰訊是二度冠軍。中國品牌由於製造精良，成為使用者首選，致中國貨在海外市場亦熱銷，所賺外匯節節上升。所謂只要貨好，不怕沒人要。因目前在科技、銀行、電信營運商的品牌價值貢獻上，處在領先地位，故騰訊被譽為中國最具價值的品牌，其價值增長百分之二十九，達到一千零六十億美元。此外大陸教育品牌的成長最為驚人。按改革開放，鄧小平復出第一件事就是關心教育。如今重視教育品牌，足證大陸推進教育為國家戰略，也因此取得經濟成果。至於頂尖科技品牌等，正源源輸出，惠及各國。也由於教育培育出大量科技人才，中國正向科技大國邁進中。

全球第一的兩棲裝甲突擊隊

　　在近年世界特種部隊大賽中，中國大陸皆曾超越美國取得冠軍。目前兩棲裝甲突擊力，有裝備千輛以上最先進兩棲戰車，規模已超越美國海軍陸戰隊，成為全球第一。大陸兩棲裝甲部隊，首先是兩棲戰車的研製，經多年努力，加上大陸獨有的超級鋼，不但質輕且有綿性，是兩棲戰車首選，配合嚴格訓練，已是一支獨步全球的兩棲突擊力量。該突擊隊兩棲戰車為 ZBD05，履帶型兩棲裝甲車，重二十六噸，乘員三人，車長、炮長、駕駛員。武器有三十毫米口徑機砲備彈五百發，反坦克飛彈紅箭 -73C 及七點六二毫米同軸機槍。有一千五百匹馬力，水上速度每小時三十公里、陸上每小時四十公里。05 式系列高速兩棲裝甲突擊車已全面裝備部隊，全部取代老式 63A 兩棲坦克等各種舊式兩棲裝甲車。

世界盃足球大賽大陸品牌當紅

　　過去每逢足球世界盃比賽，贊助商大半是歐美品牌，但今年有了變化。由於 FIFA 深陷腐敗醜聞，多家合作夥伴退出，而中國大陸以全球第二大經濟體實力和開拓國際市場的企圖心，與 FIFA 簽約，成為本屆世界盃足球大賽營銷主要供應商。尤其乳品業蒙牛，成為 FIFA 全球贊助商的乳品企業，也是歷屆世界盃史上獲得官方授權最多的品牌。該公司將以二十億以上人民幣，在這次足球大賽中行銷其優良產品。另外，雅迪電動車，由於設計好用，性能優越，亦成為大賽中焦點。在俄羅斯十二個比賽場中各城市的廣告看板、電視牆、促銷攤位、電視等，隨處可見大陸各著名廠商的廣告，比賽場內只能買到蒙牛產品，如酸奶、冰淇淋等。FIFA 工作人員智慧手機人手一機也由 VIVO 提供。特別值得一提的是，世足賽使用的足球都是中國大陸製造。

大陸今年創新五十強均與人民生活有關

　　中華文化自古有「民貴君輕」的傳統，也就是要「愛民如子」，逢天災人禍發生，朝廷全力解救。古代皇帝如不讓人民有好的生活，凡不顧民之疾苦者，皇帝必被推翻。如今中國大陸十四億人民，對政府滿意度世界最高超過百分之九十。且從毛澤東文章中，發現最講自由民主，強調國家不民主一定被人民推翻，甚至要軍中民主才能打勝仗。今天，大陸五十強創新均與人民生活有關，做到人民至上原則，自然人民對這樣的政府滿意，且大力支持外抗強權了。在富比士中國二〇一八年榜單中分在線教育、零售、大文娛、雲計算、AI 服務商、消費機器人、金融科技、區塊鏈、醫療健康、汽車、物流、智慧家居等。在線教育的成功（VIPKID），學員已遍及全球，傳播中華利己利人、仁愛互助等優良文明文化，以影響當今世界仍陷於弱肉強食、低等動物階段的人，即使科技進步，人類內涵卻仍停留在叢林野獸階層，並不值得對這些強權羨慕——那只是一群掌握科技的衣冠禽獸而已。

時速一千五百公里超級高鐵
最快二○二一年達陣

　　目前大陸高鐵超過二點五萬公里，為世界高鐵總里程的三分之二。時速三百五十至三百八十公里，營運列車超過五千兩百列車。由於受到「粘著」、「弓網」、「雜訊」等制約，輪軌交通技術時速「臨界線為六百公里」。下一步將由高速磁懸浮軌道，成為未來軌道交通技術發展的攻堅方向。現在四川省在各相關技術及所需配套工程測試，「多態耦合軌道交通動模試驗平台」已完成專家論證。將可類比不同低氣壓環境，一千五百公尺的真空管道內，展開不同磁懸浮模式比例模型車的運行測試，其中也測試高溫超導磁懸浮模式，在理論上時速一千五百公里。將速度分階段由四百、六百等直至最終目標。大陸西南交通大學正努力建造牽引動力國家重點實驗室，及「多態耦合軌道交通動模試驗平台」專案。超級高鐵，將是「高溫超導磁懸浮配以真空管」技術而成，屆時北京至上海只需一小時車程。

大陸核彈必須指向美國

　　自早期新中國成立，毛澤東感受到國家最大危機，即來自外國，他深知以當時百廢待舉，一窮二白，若是貿然反擊，明顯將再度挨打。於是喊出「寧可沒有褲子，不能沒有原子」的口號，激勵科學家在最艱苦中製造出原子彈，繼而發展至氫彈，以及今日的核彈。震懾住自鴉片戰爭以來從未輕易鬆手，無所不用其極多方對付中國的美國。今之貿易大戰、阻撓台海兩岸和好等百年來占盡便宜仍不稍停，好像南海、台灣是其禁臠，已莫名其妙到離譜，霸道不講理到極點。而其內部建議與中國打核戰，徹底消滅中國的聲浪時有所聞。如今大陸核報復能力日強，核彈種類增多，可由海、陸空發射精準打擊，特別是東風系固定與游走多彈頭新型洲際長程導彈，不但量多，且為多彈頭分導智慧型。假如貿然發動核戰，以美國三億人民，應存活無幾，美國若尚有人性，應算盤打精點。如今回憶一八三九年美國要與滿清做生意，第一筆生意竟是萬里而來的一船成噸的大煙土，可見對中國早就存心狠毒。

八一六的無奈

根據報導，在四川重慶涪陵金子山頂，新出現一個極特別的景點成為熱門旅遊地，並立刻引來眼睛一直盯著中國看的美國媒體關注。紐約時報就稱這個世界上最大人工山洞（八一六核工廠）起初是絕密工程，當地人及工程人員、士兵等均不知工程的真正目的。該報指這項工程是當時中蘇關係緊張，即一九六○年代，中國試圖自主生產核武，製造鈽的核反應堆，以此避免受到攻擊，乃想到要把核工廠建在地下。雖工程進行十八年完成百分之八十五，洞內通道長二十一公里，工人超過六萬人，但只能證明中國在列強進逼下求生的反應。凡有一線生存的機會就得傾力以趨。這是無奈與弱國的悲哀。就以二十一世紀的今天，國家經濟已至坐二望一，然面對的卻仍是驚心動魄，沒公理、沒天理的對手，專用一雙獸眼盯著你，準備絕殺。正顯示出八一六工程給為政者所帶來的求生存之驚慌。如今更好的「地下長城」六千公里已建成。八一六開放觀光，卻立刻被美國媒體關注而大作文章。

在此不得不插播美國嘴臉

　　美國是個唯恐天下不亂，任意蹂躪弱小的國家。其忌妒中國崛起，居心陰狠毒辣，常為了損人，竟不惜不利己。今天是二〇一八年六月十八日，報載美國甫利用完中國促成美朝峰會，轉臉又露出猙獰面孔，無情的要以貿易戰阻滯中國的快速崛起，甚至美國政府內部有主張冒險發動核戰者，因為實在不願看到中國崛起。然有識之士冷靜計算中美一旦核戰，美國亦可能全毀，特別是三億人也許所剩無幾。不過這都是美國損人不利己的證明。而眼前的情況是無故惡由膽邊生，公布對中國銷美商品加徵關稅，撕毀了才承諾的和解書。儘管將影響全球經濟，也被各國指此舉無信，損人不利己，但卻一意孤行，只為阻撓中國。所幸中國內需量大，且一帶一路貿易逐漸增多，對無恥的美國自全力反制，亦同等加美國商品進口稅，所謂「奉陪到底」。今日也不得不在此記上一筆，這是個沒人性的衣冠禽獸國家。

芭蕾舞突破舊格局創出中國味

　　芭蕾舞是源自西方的經典舞蹈，然當中國研習者日多，而舞劇多以西洋劇目為主，侷限性很大。目前大陸除承自西方名舞劇如《天鵝湖》、《茶花女》等之外，已融入中國味的舞劇，使中國觀眾有親切感。如曾任上海芭蕾舞團小提琴家的錢世錦，便作了《玫瑰》、《阿Ｑ》、《青春之歌》等中國味的舞劇。目前全國各大芭蕾舞團，都有創作，如中央芭蕾舞團、上海芭蕾舞團、廣州芭蕾舞團、天津芭蕾舞團、蘇州芭蕾舞團等，都穩健的發展出各自洋溢出中國味的精彩劇目。如以柴可夫斯基音樂，演出唐伯虎的故事，透過美妙舞技表現出核心靈魂。其實俄國芭蕾舞名家也在求創新，希望有新的作曲配樂和新的舞劇圖像出現在現代觀眾前。由於中國芭蕾舞技已至一定水準，亦享譽國際，能輔以適當創新，把國家古今動人的好故事，透過古典芭蕾演出照樣感動觀眾。早期的芭蕾《白毛女》便是成功的改編舞劇。

安吉動物化石的意義

　　在浙江安吉發現地球大滅絕後期的特異埋藏化石群。被稱「安吉動物群」，它揭密四億四千五百年前，地球第一次大滅絕後，展現「劫後餘生」珍貴場景。這樣重大的研究發現，乃發表在國際知名學術雜誌《當代生物學》上。這次考古成果，是中科院南京地質古生物研究所，與英國威爾士國立博物館、浙江省地調院，聯合組成的中英野外調查隊，在浙江吉安縣的賦石水庫岸邊尋找「筆石化石」，無意中發現兩塊海綿化石。筆石為已滅絕的海洋動物，多藏於十公尺深地層中，其保存狀態如鉛筆在岩石上書寫的痕跡，故名筆石。英國威爾士博士為海綿化石專家，在現場確認了兩塊海綿化石，接著找到五千塊海綿、筆石、棘皮動物、節肢動物、軟體動物等化石標本。專家研判為地球首次發生生物大滅絕後期的化石。百年前加拿大考古夫婦發現過，但吉安的發現將對古生物大滅絕後的生物研究，將極有貢獻。

秀核戰力是給美國看的

　　依中國文化，凡事低調不願張揚，然自八國聯軍、鴉
片戰爭後，衰弱的中國惹來兩大惡鄰日、俄，以及萬里之
外最偽善的美國。中國知識界迄今仍大部分為其迷惑，親
美的台灣固不待言，中國大陸在改革開放之初，竟即時出
現了一場幾乎亡黨亡國的由美國特務設計主導的「六四」
事件，幸有鄧小平快刀斬亂麻處理得當，未成大亂而難收
拾，但幕後主導者仍在國外持續搞亂。談到大陸之秀核
彈，應屬給虎視眈眈的美國看，以便嚇阻其輕舉妄動。大
陸核彈分潛艦水下發射可達兩千五百公里，但隱於六千多
公里地下長城的核報復力，由於運載工具之數量，加上東
風 -41 等服役，可攜智慧形多彈頭，投放到美國任一地
方，外界估計目前從發射載具估計最少有三千五百枚核
彈，如每年增加兩百顆，則數目可觀。這是面對猙獰美國
求存的唯一要秀的應屬防備萬一。尤其無知無覺的兩岸人
士仍看不出來美國之口蜜腹劍，對其懷有危險不知的憧憬。

世界上第一條降溫公路

　　這條特殊公路，是廣西大學可再生能源材料協同創新中心主任領導的研發團隊實驗成功。據沈培康主任稱，這條公路是透過南寧大橋中心的路面，用添加了石墨烯成分的瀝青所鋪的公路路面，其路面溫度較低，而全部工程稱為「立體構造石墨烯複合橡膠改性瀝青路面技術」，在通過創造性地在橡膠粉末中加入石墨烯粉體材料，將它混合到瀝青材料中，增強路面材料的握縮力，可使橋樑路面超強堅固、耐用。這新發展出來的專針對橋樑公路改進路面的技術，是石墨烯產業化的突破。目前在整個大陸尚屬首例。廣西大橋是該省地標式建築，採用鋼箱梁式結構，經過十年使用，橋面已凹凸不平，因此結構橋柔性大，感溫強，鋼板與瀝青、混凝土層黏結難度大，路面鋪裝技術一向為世界公認難題。現在則用石墨烯新技術解決瓶頸，且無異味瀰漫。此技術如應用在都市必可改善炎暑道路溫度，全面使城市氣溫下降。

繼稻子增產小麥亦獲突破

　　當中國大陸崛起，人民努力向上之際，歐美學者認為大陸任何發展將會是一場空。因為以如此多的人口，和有限的耕地，糧食不足，必然限制了其一切。卻萬想不到大陸很快成功研究出能量增的水稻，更進步到海水及沙漠稻穀生長等，解決國內糧食不足，並惠及各國。現在人類主食之一的小麥，也有驚人突破，一九九二年大陸研發成功能增產百分之二十以上的小麥，突破了國際間苦研六十年未能突破而達增產的問題。據北京雜交小麥工程技術研究中心首席專家趙昌平說，雜交小麥除了大量增產優點外，能節水抗旱，賴瘠薄，即不用施肥。與常規小麥相比，可節水百分之三十至百分之五十，而種量可減少百分之三十以上。目前這種大增產能力的小麥種也和早期研發的增產水稻一樣，種子供不應求，因此正不斷加大加工增產中。近來國際糧食專家面對這般成就，甚至指大陸能養活目前全球人口。

頂尖科學家回籍祖國的智慧

在進入二十一世紀的此時，凡上了年歲曾飽受戰火經歷，離鄉背井的同胞，在海內外修身努力向上，學有成就後，無不心向可憐被列強蹂躪欺凌的祖國與廣大善良人民，希望貢獻自己的能力，使國家快速掌握科技，抵抗強權，發展經濟，故先有錢學森等及隨後的楊振寧、李政道等國際知名科學家，懷著一顆熱愛國家的心歸國，不畏任何艱難一心救國全力付出。而台胞林毅夫亦有遠見，憑滿腔愛國熱忱勇氣十足投入祖國，並留學以為祖國建設加力，乃成為祖國公民。而長期為祖國效力，一心渴望國家富強科學迎頭趕上的世界知名科學家，雖早期因形勢所逼，不得不入美籍，而成為了在中國服務的外籍中科院士，然二〇一七年楊振寧和姚期智皆放棄美籍入中國籍。這兩位在國際極有成就的科學家的回歸祖國，是愛國與正確高道德情操表現，將起示範與指標作用，定能影響海外知識界思考葉落歸根，追求祖國富強，才是安身立命，給子孫發展的康莊大道。

川金的驚世成就應有習近平助力

　　金正恩的睿智，在於愛國愛民，不願和不忍為短視，甚至愚蠢的為一時虛榮或賭氣，而與川普同樣走上極不值得大錯特錯、兩敗俱傷的可怕局面。就在美、朝劍拔弩張時刻，毅然來到血盟關係的中國求集思廣益，發揮了看不見卻強大的釋善破繭作用。加上因緣際會，使足智多謀的金正恩以參與南韓冬奧之大和解，間接促使川普預想的以和解要求北韓棄核，其內心也一定希望不戰而屈人之兵，達到半島無核化方為上策。如今金川終各取所需，握手言歡，化干戈為玉帛，不但為世界和平憑添歷史佳話，受全球鼓掌，改變川、金之狂人形象，更為雙方國家創造無限商機。唯在此舉世歡樂稱讚聲中，明眼人不難窺出促成此偉大和解的幕後功臣。中國自然是倡導世界和平，且深知美朝一旦戰爭必是兩敗三傷，中國亦躲不掉，因此可以想見川金和解，其中必有中國因素，在習近平面前，川金自應含首稱謝。

中國大陸美景天成冠全球

　　《航拍中國》，真是江山如畫；錦繡山河，在影片中由中央電視台拍成，透過電視或手機傳出，目睹此天上人間美得難以形容的「中國」，無不感動得熱淚盈眶。《航拍中國》已令廣大民眾覺得身為中國人而慶幸與驕傲，更激發出無比的傳承偉大文化、奮發圖強、勇往直前的精神。在影片中，九百六十萬平方公里土地上，因為地理位置得天獨厚，涵蓋了寒、溫、亞熱帶，故在複雜氣候和稀奇古怪地貌上，讓人出現「此景只應天上有」的驚歎。由於歐美等國的美景多屬人工造出，而如今中國不但有不輸他國的人造美，而無可比的天然美、自然美，令人觸景快樂，又動心得落淚。難怪有人看了《航拍中國》後認為世界上不會再有航拍存在了，因任何航拍在《航拍中國》面前會自慚形穢，不如不拍。不過大陸地大，好景天成數不清，加上政府保護得法，民眾自是希望再拍續集。

高空彈跳世界之冠

　　在瘋行全球的極限運動中，大陸也不落後，各地均建設理想的彈跳平台。由於這類平台講求高度，始能滿足運動員施展而達於極限。因此以高兩百六十公尺的張家界著名風景區所建的高空彈跳平台，為世界最高，已吸引了全球高手前來競技，如英國、澳洲、俄羅斯等，他們更對奇幻似的張家界罕見的美麗風景而陶醉。目前世界原稱最高的都沒超過兩百三十三公尺，故張家界位於大峽谷玻璃橋上的彈跳平台，是傲視全球獨一無二的規模，為最佳平台，已超過金氏世界紀錄的澳門塔兩百三十三公尺的高度。這將是世界上垂直落差最大的商業高空彈跳平台，可滿足滑板、滑輪、BHX、極限單車、滑雪等各種極限運動。據聞極限運動將納入奧運，更引起運動者對極限運動的興趣。而大陸各地也紛紛建設規模可觀的大極限平台。經調查極限運動員最多的是美國，占其人口百分之六。中國大陸從各地興建大極限運動平台情形看，似有後來居上，普及發展的勢頭。

中國大陸已能解決世界缺糧問題

　　兩蔣時期對島內糧食等農產品種植與改良很重視。果農之大宗生產如香蕉等有青果合社辦理內、外銷，稻米有農改場，由專家如中央研究院院士，享譽國際的水稻專家李先聞，指導雜交技術等。但能被世界尊稱水稻之父的大陸科學家袁隆平，其領導的團隊，則可在沙漠和淡化海水裡種植抗旱抗鹹水稻，已在中東、非洲等沙漠中出現大面積稻田。世界糧食專家震驚於中國科學家對人類最佳的貢獻，認為這已能養活全球人類。目前抗旱水稻已有中東一望無際的大沙漠裡，種植了無邊似的稻穀，綠油油廣袤無邊，令人讚歎。在中國青島海濱鹽鹼地，也種出海水稻每公頃超過七點五噸稻米成績。於是國內糧食大增產的同時，無償提供各缺糧國家，並協助種植解決需糧問題，造福各國。地球上沙漠面積太大，且有越趨嚴重擴大之勢，幸有中國水稻專家的旱稻成果，將使沙漠變綠洲，並能大量生產糧食。這應是偉大發明。

三軍女儀仗隊全球獨步

　　自改革開放，到大陸去的旅客有一個特殊發現，就是在許多行業或政府機構中，女性主管階層居然不少，甚至出租車、卡車司機亦常是女性。換言之，就是一般大眾認為屬「男人做的」工作，在中國大陸卻往往也有女性在做。這情形最近更頻繁發生。原來三軍儀仗隊也破天荒有女兵隊伍，將陸、海、空軍中精選五十五名女兵，組成獨立方陣，擔任儀仗隊各項必要的任務，在外國元首來北京歡迎儀式中，成為儀禮亮點和新氣象，亦為重視女權，男女平等的表現。中國大陸自建政後便不斷重視和有計畫的訓練發展女兵。在作戰訓練、為民服務等各方面都逐步強化，堪稱巾幗不讓鬚眉，原是男性做的事，女性也能照做，在各行各業如此，而軍中亦不例外。早年北京亞運主會場上空12金釵古裝從天而降，一一定點入場著陸，即表現女傘兵的訓練成功；而在重大工程如三峽大壩興建，外國記者就曾訪問壩頂上開「怪手」的女技師。連發射飛彈亦可見女兵身影，再看到女儀仗隊就不會太驚奇了。

中國工商銀行全球上市公司排榜首

二〇一八年六月富比士全球上市公司兩千強名單，中國大陸在前十強中，工商銀行和建設銀行均超過美國，分居第一、二名。這前十名依序為：中國工商銀行，中國建設銀行，摩根大通銀行，波克夏海瑟威銀行，中國農業銀行，美國銀行，富國銀行，蘋果公司，中國銀行，中國平安保險。此為富比士第十六次發布全球上市公司兩千強排行榜單，是全球最權威的資訊。排名順序是依營業收入、利潤、資產和市值的綜合評分作為依據。此名單包括六十個國家上市公司，總計銷售額達三十九點一兆美元，利潤達三點二兆美元，資產總計一百八十九兆美元，榜單中，所有指標均在成長，利潤達百分之二十八。在前十強中，大陸和美國平分秋色，但一、二名卻為中國獲得。這足見中國大企業成長之快，在全球兩千強中，中國已有二百九十一家，美國為五百六十家。目前中國大陸正吸納世界頂尖人才和大力培養超強的人才，努力於全面創新，積極研發工作，並建設全國舒適生活環境。

內銷暢旺貿易戰必勝

　　川普被其國人指為神經不正常，對國家大政方針談變就變，與外國交往，政策總反覆無常，喜怒瞬改，變化多端。對中美貿易不尊重市場規律，和 WTO 法規，也任意破壞常規，獅子大開口，硬要中國就範，唯遇見沉穩冷靜，講理又底子厚的中國，面對瘋狗式的美國，總說之以理，主張雙贏公平和解免傷感情。美國應了解大陸市場之龐大，正是美國經濟活水，是關係其三億人民福祉的地方，如川普對大陸胡亂逞強，不講理自以為是，總是無理取鬧，認為大陸是軟柿子，則在大陸反擊下斷其經貿，僅靠內需即能反敗為勝，何況一帶一路單以陸路貿易年營業額已超過一兆美元，遠超過與美貿易。因此，若川普任性要與中國打貿易戰，不顧其人民生活與國家正常發展，專做損人不利己的事，遇上中國必將灰頭土臉，踢到鐵板。中國內需市場之大，以春節境內旅遊就三億多人，消費超過台幣兩兆多，而未出遊在家鄉消費數目更驚人，是世界之冠。

手指經濟令全球各國落伍

　　當台灣為了意識形態發燒，正研擬設立「國幣設計委員會」，企圖把鈔票和硬幣上的孫中山、蔣介石像去除之際，中國大陸已進步到不用鈔票的先進程度了。在大陸出門已沒人帶鈔票。只要隨身帶手機出門，食、衣、住、行統統搞定。這現代化之進步遠超過歐美及全世界。美國和英國到大陸的遊客見此，不得不認為他們的國家已落後，而震驚於中國大陸真能利用科技發展改善人民生活與切身利益。大陸人的手機宛如印鈔機，只要手指一動便能購物，甚至去娛樂場也不需排隊買票，其不用鈔票之便利，怎不令外國人稱羨。過年發紅包，在台灣總會為了換新鈔而造成爭搶或排長龍，有時造成不公。在大陸只要動動手指，紅包就已到對方口袋了。此外，以春節為例，透過手機就能訂好酒席或把酒席佳餚依時送到家裡。這種便利與享受，已使歐美各先進國家自嘆不如，正紛紛向中國大陸取經學習中。

好看又具正能量電影

　　現代電影雖是綜合科技表現，是大眾娛樂之一，但其內容好壞，高尚或低俗，卻對社會民眾產生不同影響與教化作用，故國家必須十分重視、輔導的藝術。綜觀海內外的影劇，好的經典之作已少見，但迎合社會沉淪，庸俗者正日益加多，色情、暴力、血腥、兇殘、鬼怪等逐漸增多，對社會大眾，特別是青少年等產生不良影響。幸大陸主政者警覺及時，對內鼓勵「好看又散發正能量」的電影。所謂能有正能量，使看完一場電影除感身心舒暢，或有「正能量」收穫、對內心美好感受、人生觀的指點、工作更有積極性等，或在正義、善良、美感各方面得益。大陸人多人才多，如能長期追求電影不離「正能量」的劇情，拍出又好又賣座的精彩電影，而是各國做不到，中國大陸獨有，其他國家搶購的好片子，便實在值得重視與介紹。其實政府重視影劇的內容，就是清明正義對國家人民深愛的表現，與負責任的作為。

國際太空站退休由中國「天舟」接替

由於人類在近地空間常態化駐留進程不容中斷，而國際太空站按計畫將於二○二四年退役，之後就只有中國太空站建設，可予接軌。按太空科學重要一環的太空站設立，俄羅斯是開創者，接替者為國際太空站。但照計畫國際太空站將退休了。中國大陸已作好接替準備，將於二○二○年左右造好設計更進步的空間站升空以備接替。目前大陸即將用新研製的大推力火箭「長征 5 號」，將特重的飛船送入太空。長征 5 號一年前曾發射成功，未來將把體型與重量龐大的太空站載上太空。中國載人航太工程空間實驗室的「天舟 1 號」貨運飛船，將嘗試「太空加油」，展開貨運補給，推進劑在軌補入，快速交會對接等。此外，要由過去起飛八噸增至十三噸，每次運輸物資一噸增加至六點五噸上下。成為多目標太空科研發展的太空據點。

CIA駭中國電腦踢鐵板

　　美國維基解密中，有一部分提到，中央情報局（CIA）使用軟件，能順利駭入任何國家，包括台灣地區的智慧型手機、電腦、網路電視「盜取」他們要的情資。唯有入侵中國大陸卻告失靈，因中國文字變化多端，簡體、文言、繁體加五花八門的方言，即使借助台灣，訓練以代解亦無效。據說在韓戰、越戰時，志願軍的密碼連美國最厲害的解碼高手均束手無策。戰爭結束多年才透露其密碼是採用一般中國人都聽不懂的溫州方言。然而中國的駭客可不同，能力超強，在世界民間駭客賽中總獲榜首，因此中國在國際駭客戰中勢必最能得心應手。二〇一八年六月九日，中國駭客駭走了美軍水下作戰計畫，含潛艦超音速飛彈計畫，甚至駭去潛艦無線電加密系統資訊。在各憑本事的「駭來駭去」下，美國只落得無奈的份。但值得注意的是，中國自發明量子衛星後，任何國內有辦法的頂尖高手一律無法駭入中國不願給外界知道的東西，外國駭客不但駭不進去，並將立即暴露身分。

在世界各國中百姓對政府滿意度中國排第一

　　最近國際調查機構發現，各國人民對自己國家政府的滿意度，以中國最高，超過了百分之九十，而美國才百分之四十幾，日本、印度更只有百分之四十上下。據分析，中國內部特別重視民情，執政者以人民福祉第一，從無黨派之爭，全民均在政府引領下，努力發展創新，改善生活。透過一日千里飛躍的新科技，能使窮鄉一夜致富；透過人手一隻的手機，無所不在的網路，更普遍提升了人民智識，了解世界，迅速促進廣大農村獲得跳躍式發展。農村引入新科技，生活快速改善，逐漸步入現代化。大陸早在七、八年前即將無線網路推向各地，人們可在辦公室、農田，遙控家中各種電器的能力，尤能協助農人或小工廠等產品暢銷各大城市，甚至銷往國外。醫療、保健新知隨時可由網路獲得解答，拉近城鄉距離。由於十幾億人民生活安和樂利，執政者唯一要做的事，就是全方位服務人民，以建構富民強國為目的，對外和平友善，如此政府哪有不滿意之理。

西方人在中國驚訝自己國家已落伍

　　英國人類學家湯姆‧麥克唐納，二○一七年三月到中國大陸山東省一個偏鄉小鎮調查研究，發現這個窮鄉僻壤，政府列為扶貧的地方，卻普遍能使用網路社交媒體而顯得生機勃勃，網速比他英國家鄉快很多，這情形讓他吃驚。一般外國學者到中國研究網路發展，都以各大都市為主，而湯姆‧麥克唐納則專走偏遠小鎮。他發現小鎮居然有跟大城市一般充滿創新，自由活潑的網路世界。原來外界指政府如何嚴控網路、到處死氣沉沉等負面渲染全是造謠。他親眼看到的竟是海闊天空任翱翔、驚人的活躍。他研究發現，大陸邊區小鎮網路的接入水準已遙遙領先西方並舉例，以這樣偏遠小鎮已有 4G 網路，而他家鄉英國仍無此水準。他在中國的調查研究結果，認為十幾年前大陸網民已超過美國總人口，而今應已七億多或八億，增速太快，且 5G 即將普及，使中國人民無束縛的發揮，並引入商貿，又與世界接軌，加以暢旺的國內外交通，西方相形之下真的已落伍了。

中國大陸有最大製提琴工廠

　　說也奇怪，西洋是提琴發源地。特別是義大利，久被世人稱為小提琴之鄉，但音樂界使用的小提琴幾乎均來自中國。一九九三年河南省確山縣民到北京打工，有機會到義大利學會製造小提琴，乃到北京開製琴工廠，至年產三萬把琴。後接受家鄉村裡邀請回鄉發展嘉惠鄉里，更精進擴大，用最適合製琴的木料，從雲南、四川、西藏選進優質木材，甚至遠自法國、德國、羅馬尼亞等地進口木料，精心製琴。琴的製造非常複雜，除刻琴頭、裝琴頭、合琴、打磨、上漆、晾乾，成琴後還需調音，而製弦亦相當專業，總之每道工作皆不可馬虎。據早年到北京打工而到義大利習藝的李建明說，河南確山造提琴已成國際名牌，每年純手工製出數萬把名琴暢銷海內外，創造億級產置，提升就業機會與傳授製琴工藝，又讓中國好琴音享譽世界。

中華文化是無與倫比的軟實力

　　當中國大陸快速崛起，政府即大力推展最優秀的中華
文化，俾使達到人類真正要的文明，改變目前仍存在的暴
戾之氣，並揚棄人與人之間醜陋的惡性競爭，走上高尚人
格境界，藉以變化氣質，改變好鬥浮躁的心性。人與人之
間和平相處，仁愛互敬互愛；科學無止境的進步，避免像
歐美仍停留在物競天擇，極幼稚、野性、原始弱肉強食的
階段，其口中的自由平等人權談得再多，仍脫離不了衣冠
禽獸格局，故科技越進步，他們之間鬥爭越血腥、慘烈。
中國領導人提倡中華文化，並由本國倡導到世界，即有悲
天憫人襟懷，救苦救難仁德之心，是智慧高超、無私的大
愛。大陸國務院以莊重的中央文件落實文化傳承，列為國
家重點工程，將一代代孕育出超凡人格的國民，永遠在國
際間與人為善，廣受歡迎與愛戴。這才是人類社會最珍貴
的軟實力。

萬米級海洋地震儀全球只一個

（OBS）萬米級海洋地震儀，是目前世界第一個。中國科學院地質與地球物理研究所，經過二十年努力，自主研發萬米級海底地震儀（OBS），近來在世界最深的西太平洋馬里亞納海溝成功應用，成為世界上第一個成功獲取萬米級海洋人工地震剖面的國家，儘管日本曾有類似研究，但卻未獲如此突出、具體的科研成就，中國且仍繼續研究中。大陸中科院深淵科考隊曾於近期「探索一號」從海南島啟航，至該海溝與雅浦海溝，進行深淵科考和研發的裝備儀器試驗，並進行海底地震試驗工作，及深淵生物學、生態學、地質、地球化學研究等一系列科考。同時，在海溝深處投放六十部海底地震儀，成功回收五十六部，終順利完成兩條萬米級人工地震剖面，最大深度分別為一萬二十七公尺與一萬二十六公尺，剖面實際作業長度六百六十九公里。海底地震儀可記錄海底地震波動訊號，對海底地震進行地震波成像。此外有海底電磁場儀，可研究地殼電磁場，及其與地震之關係等。

水下滑翔機創世界紀錄

　　中國大陸深洋探測器可謂五花八門，如蛟龍號等，均創下世界紀錄。而另一海底觀測平台「海翼號」，是搭載「探索一號 TSO3 航次」在馬里亞納海溝歷時四天十二次下潛工作，累積工作八十七個小時，總航程超過一百三十公里，收集大量高分辨率的深淵區域訊息，為海洋科學家研究這個區域水文特性提供寶貴資料。利用水下滑翔機靜音的特點，進行特定海域高密度精密大範圍水體觀測。這一觀測突破了美國科學家創下水下最大潛深度六千公尺世界紀錄，以下潛六千三百二十九米再超美國創下新的更深的紀錄。按馬里亞納海溝，位於北太平洋西方海床，靠近關島的馬里亞納群島以東，海溝為兩板塊輻輳之俯衝帶，太平洋板塊俯衝於菲律賓板塊之下，海溝底於海平面之深度，遠勝珠穆朗馬峰海平面上的高度，為一萬九千一百一十公尺。而大陸之蛟龍號深海探測器已可深入七千多公尺深度紀錄。

三體護衛艦火力勝美艦

　　中國大陸造艦技術融入海軍科研設計，造出了「三體護衛艦」。排水量兩千四百五十噸，裝備能發射十六至三十二枚飛彈垂直發射系統，和一門口徑七十六毫米艦砲。其火力遠勝美國排水量三千噸的瀕海戰鬥艦。而中國新出廠的三體護衛艦，長一百四十二公尺，寬三十二點六公尺，巡航速度三十五節，續航可達三十天。乘員一百人。屬柴油發動機，用來為艦上電力推進系統提供動力。同時依此系統推動三個泵噴驅動器而省去螺旋槳，還可載兩架武裝直升機及機庫。此新設計的三體護衛艦特別之處，在於其較小的艦身中可擁有強大火力，又能停放兩架全武裝、攜帶多枚飛彈及特殊雷達的裝備直升機。它是由中國大陸十年前製造八百噸級小型三體艦的重新改良設計，以超過美艦之瀕海戰鬥艦為目標對比。用輕型、快速、火力超強取勝。難怪當此艦在國際國防展於阿拉伯首都披露，立刻受各國重視。

世界上功能最強
無人駕駛科考船

　　中國大陸自主設計，由全球一流造船技術，配上最好的鋼材，建造了兩艘世界上儀器功能最多，最精密布局的海洋深度科學考研船，並一次同時下水，分別命名為「海洋地質八號」與「海洋地質九號」。兩船將以先進科學技術，掃描海底地貌、鑽探一百六十公尺地層。「海洋地質八號」是最高精度 3D 立體成像海洋調查船，其長八十八公尺，寬二十點四公尺，深八公尺，吃水六點二公尺，最大航速十五節，冰區加強 B 級，續航力一萬六千海里，可實現全球無限航區科考。同時此船科考如醫院之 CT 電腦斷層掃描，並顯示在電腦螢幕上，成 3D 地質構造圖，且為無人駕駛。駕駛艙網路系統對全船部件控制，與陸地主控系統連線。而九號船附鑽探、測量、分析、含單波束、多波束、淺拋等測量設備。船長八十七點零七公尺，寬十七公尺，深七點八公尺。有最先進水下鑽探設備，能深鑽一百六十公尺深海地層取樣。這兩艘科考船是目前世界上獨有，可將海底寶藏各種資源調查清楚，還可知地震情況等。

世界最大無軸摩天輪

　　白浪河大橋摩天輪，是世界上最大的無軸式摩天輪，成為山東省新地標。它的直徑一百二十五公尺，總高度一百四十五公尺。比英國享譽世界的倫敦眼還高出十公尺，被稱為世界最大的無軸摩天輪。它是世界第一個編織網格形式的摩天輪。世界上第一次無軸式輪橋合一的摩天輪。據設計的公司說，興建工程兩年，輪重四千六百噸，由鋼管紡織出全球獨一無二的鋼鐵龍脊，在巨大輪盤上，由鋼管開合成鱗片狀，使巨輪活似一個圓形大龍。摩天輪的樁基必須特別穩固，才能承載如此重量，乃打下直徑一至一點八公尺、長四十八至七十六公尺鑽孔灌注樁四百零四根。工程全用新科技完成，獲四項國家專利。這個摩天輪是主體輪盤不動，而是車廂轉動。摩天輪設在白浪河中段大橋上，橋長一百九十公尺，為雙層，上層為機動車道，下層供人行，由此登摩天輪。巨輪有轎廂三十六個，每廂十人坐已成觀光熱點。在摩天輪上放眼四望，觀美景自不在話下了。

氣象衛星服務東半球

　　二〇一八年六月五日中國風雲二號H星升空，進入預定軌道，在衛星領域，與美、日、歐洲等氣象衛星三足鼎立。十月開始東半球的氣象預報，風雲二號將提供相關資料服務。它攜帶了掃描輻射計、空間環境監測器等主要載荷，掃描輻射器包括一個可見光和四個紅外通道，可實現非汛期每小時，汛期半小時獲取覆蓋地球表面約三分之一的全國盤圖像，能對颱風、強對流等災害性天氣，進行重點性觀測。大陸國家國防科技工業局、國家航天局系統工程司透露，已形成風雲一、三和二、四號靜止軌道氣象衛星兩大系列。確立了大陸地球觀測領域的國際地位。尤能對一帶一路沿線國家提供必要的氣象衛星監測服務。

大陸半導體正趕超美國

　　由於天河超級計算機六年超過美國最快的泰坦，獨霸全球，而兩年前又製成比天河更快，又能快過美國泰坦五、六倍的「太湖之光」，已震驚世界。但最使美國害怕的是，原來列為極機密的半導體晶片等科技，中國大陸已迎頭趕上，否則絕沒能力製成「天河二號」和全球獨一無二的「太湖之光」超級電腦。如今美國連追上天河二號的速度皆感困難卻還在杯葛大陸中興通訊工司，拿不售相關組件作為要脅的談判籌碼，殊不知背地裡大陸均已自主開發成功，否則不會造出超過美國、獨步世界的超級電腦，令以美國為首的先進國家無一國能趕上。美國認為中國半導體應已超過美國多時，之所以仍買美國貨，可能藉以鬆懈美國在這方面積極性，而不知大陸早已不需要美國組件。直到現在被超越太多，早年絕不出售的超級電腦，如今反過來追趕不及，美國總統川普應記取季辛吉的忠告，對中國不可鬥智，只有合作才有出路。

星國學者勸美國有做老二
的心理準備

　　新加坡學者馬凱碩博士忠告美國，目前世界大勢，是
在可預見的將來，中國必超過美國成為世界第一強權。他
曾在美國哈佛大學演講，忠告美國給自己多積點德，留個
後路，應遵循國際規則，少在南海問題上糾纏。因為中國
取代美國成為第一，只是時間問題。他強調今日美國在南
海所為，將導致若干年後中國軍艦在加州、夏威夷如入無
人之境，並奉勸美國要認真為做世界老二的位子想。他稱
讚中國當老大將全球受惠，跟美國不同，不會行殖民剝
削，且會照顧弱小，行利己利他經貿。馬凱碩特別指美國
不誠實欠客觀的媒體，必須「改革開放」，直指看美國電
視，彷若隔世，自說自話自吹自擂，無視世界大勢已急驟
變化，太落伍不實，甚至仍將大發展的中國報導成落後不
自由困頓慘狀，實乃與現實脫節。馬凱碩堅定認為大勢已
不可逆，快樂指數全球最高的中國十四億人民，定將把國
家推向世界第一強國的位子。媒體的褒貶已不重要，亦無
力生效。

鑽井達七千零十八米深
破亞洲紀錄

　　由中國大陸吉林大學負責承擔研發的「地殼一號」萬米鑽機，獲得突破，完成七千零十八公尺鑽井深度，創亞洲國家鑽探最深紀錄。同時也超過美國，成為繼俄羅斯、德國之後，世界上第三個擁有一萬公尺鑽探計畫的國家。按中國近幾年來科學家人數眾多、創新不斷，超過美國的地方越來越多，俯拾皆是，如航天之量子衛星、深海之蛟龍號，以及在百行百業中，自動化運用、高鐵等等不勝枚舉。此次在大陸松遼盆地進行白堊系紀陸相地層的科學鑽探井，打穿松遼盆地白堊系，探索松遼盆地深部能源潛力，建立松遼盆地深部地層結構、尋求白堊紀氣候變化地質證據，研發深部探測技術。目前世界上科學鑽井最深的俄國柯拉半島的一萬兩千兩百六十二公尺；德國 KTB 超深鑽九千一百零一公尺排名第二；而中國大陸為第三，並在國際間嚴密技術封鎖下自主研製成萬米鑽井的「地殼一號」鑽機，已成功申請「大別—蘇魯」大陸超深鑽，科學鑽深青海湖萬米工程。

用高科技主動守護人民錢包

　　最近台灣出了許多高水準詐騙集團，均屬電腦高手，卻不務正業，品格敗壞。先是結夥詐騙島內同胞，但經媒體不斷報導，及各金融機構把關，警察提供辨識電話，已因多管齊下，百姓又時時警惕，使在島內行騙日益困難。這批壞蛋便把詐騙對象指向大陸，發現最易得手，於是勾結大陸不良份子利用其語言之便，對陸民大肆詐騙而財源滾滾，導致養老金、醫病錢被騙光而自殺者不斷發生。如今由北京警方研究出一套高科技破解詐騙入侵的技術，可在詐騙資訊進來時立即發現，加以有效攔截，並立即查出從何處來的偽訊以保市民錢包。這種科技抓詐騙辦法功能顯著已攔截五百多個詐騙電話。這一科技最近曾為一市民保住一千三百六十四萬人民幣財產。由於效力好，將迅速提供全國採用，則可終結任何巧計的詐騙，如在大陸、或在大陸有外交關係國家發詐騙電話，便能指出發話處所，使當地政府查捕歸案。

再談高鐵

　　最新調查統計，中國大陸的高鐵里程已為世界三分之二，超過兩萬五千公里，每年尚在快速增長中。目前已由全國原規畫的四縱四橫主幹線，增至八縱八橫，形成東西南北高鐵網。同時高鐵平穩低噪音，歐美等遊客最愛，品質冠全球。在大地上穿梭的高鐵將各地縮短至半日遊程，如北京至上海一千三百公里，四個半小時可達，反觀澳洲從雪梨至布里斯本火車只走一千公里，卻要十多小時。大陸造高鐵之快，包括翻山越嶺，隧道、橋樑，平均一年鋪設特殊鋼材的軌道約五千公里，堪稱傲視全球。也是脫貧致富，給予窮鄉僻壤的最靠得住的保證。如今高鐵與傳統鐵路十三萬公里，構成密集交通網，加上無所不通的高速公路，龐大的內需，貨暢其流已至登峰造極。川普盲目的欲與大陸貿易戰，可謂不識時務。

微量發電驚艷全球

　　用磁能發電的技術發明，由中國科學家研究成功。只用一個「微量子磁能疊加向量發電裝置」，將電線插入此裝置後，燈亮了，空調動了，冰箱冷了。這是不需火力、核動力發電的最清潔的電力來源。據大陸科學家稱，只要地球磁場在，這種發電便存在。此一驚世成就，是廣東之業疊加合創量子科技有限公司董事長許文姬博士領軍，集大陸眾多科學家，經十年努力而發明。成為全球綠色能源劃時代、顛覆性偉大貢獻。這個發電機，不需燃料或水力、風力，而是用地球萬有引力中的磁場，只要地球在，磁力便取之不盡，用之不竭。它是成本最低的能源，可用在所有需要動力的地方，如車、船、飛機等無不能裝置，且運轉不停，使用長久，改變了燃料用盡後必須增加的情形。此項發明已轟動世界，認為是世紀性大貢獻。現正研究擴大運用中，以期省下所有燃料。

曠世無比的南水北調工程

　　中國面積除蔣介石出賣的外蒙古一百五十六萬六千五百平方公里外，仍有九百六十萬餘平方公里。但由於北方雨水少，旱災頻傳影響均衡發展。改革開放後雖然各項大工程不斷，但南水北調卻是由低地處把長江等大河之水，以人工設計的宏偉工程，將大量的水由低處流向華北苦旱缺水的高處。完成了人定勝天的「不可能的任務」，造福數億人民。不僅使經濟正常發展，也使南方澇災消失。這一獨特工程，預算四兆人民幣。全長六千一百十八公里。把長江流域豐沛水資源抽調往華北、西北，使這兩大缺水地方廣受滋潤，更能進而使沙漠地區變為綠地，成為適於開發住人，注入經濟生產。目前全部工程分東、中、西線三部分，中線已於二〇一四年完成，北京已喝到長江水；另兩線工程均極艱難，但以中國工程師的智慧、經驗，加上「中國速度」整體工程將於近期相繼完成。這也是孫中山先生萬想不到的偉大工程之一。

美神盾克星為055驅逐艦

　　美國神盾巡洋艦滿載排水量不到一萬噸，驅逐艦噸位更小。但中國大陸以世界一流造艦技術，又採用獨一無二的超級鋼，自主設計的055驅逐艦，排水一萬三千噸，可搭載一百枚以上各種類行垂直發射的飛彈，也是航空母艦編隊主力艦之一。它的艦載防空飛彈，共有長程、中程兩種，故防空能力超強，並有強大的反潛能力，對航母極具保護作用。055還可組成獨立編隊，有效執行海上綜合防衛，防空、反潛、反艦和以強大火力主動攻擊等任務。而此超大型驅逐艦還有隱形作用，因為裝有特殊雷達，紅外線輻射低，電磁輻射量小，雜訊水平低。所載飛彈有反艦、防空、反潛，以及攻擊兩千公里外陸地的長程巡弋飛彈。另有單管口徑一百三十毫米主艦砲，採雙波段雷達，和S波段主動相位陣列雷達系統，與X波段小型相位陣列雷達系統，對中近程目標探測能力大，可以把包括太空、空中、水面、海底各層面資訊高度融合運用，以力求萬無一失，被稱為神盾克星。

北斗衛星助蒙人在家牧羊

　　比台灣大四十三倍多面積的中國外蒙古，是蔣介石當初為獲得蘇聯史達林的支持，承認他掌權中國，一心滅絕共黨，竟出賣了蘇聯覬覦已久的大片中國土地──外蒙古。儘管外蒙地大人稀約三百萬左右，但經探測各種礦物豐富，雖有外商進駐開採，蒙古人仍以游牧為主。過去他們每逢嚴寒，要在冰天雪地放牧牛羊，而今借助中國北斗導航衛星之便，在酷寒天氣，可以足不出蒙古包，就知牛羊位置，數目多少，解決過去要冒惡劣天氣四處尋找的苦況。還能透過手機，深入知道牛羊群生活狀況。北斗衛星技術雖在美國之後，但品質性能卻超過美國。中蒙技術人員克服衛星放牧設備超低溫工作的困難、解決衛星接收信號角度微調問題，以及語言體系之開發適應，終於完成草原信息化服務。此「北斗衛星放牧系統」已進入哈薩克、塔吉克，促進各國經濟發展。而大陸西藏動物保護區，各種動物生長繁衍均因此進一步獲益，可掌握牠們生態等確實數據。

全球 Z 世代
中國年輕人最樂觀

　　所謂Z世代，是指一九九九至二〇〇〇年之間出生的孩子。與當時正開始向社會大眾普及的網際網路一同成長，深受網路、即時通訊、簡訊、MP3 播放器、手機、智慧型手機、平板電腦等科技產物影響，又被稱為是科技世代。對全球 Z 世代的調查，是英國瓦爾基基金會最新發布，了解年輕人所想所感。發現中國年輕人最樂觀，深信「只要勤奮就能出人頭地」。該基金會為非營利組織，致力於幫助貧困兒童，此調查報告包括中國、美國、英國、法國、德國、南韓、印度、日本等各國共二十多個國家，調查十五至二十歲被稱 Z 世代年輕人，人數超過兩萬人，其中百分之五十三中國受訪者，認為世界變得越來越好的，為比率最高；其次是印度青年占百分之四十九；法、義、土耳其最悲觀。這足證中國的制度之優越，人民只要努力就能飛黃騰達，年輕人心胸開闊、樂觀必與社會環境有關。

網路科技城鄉一體化的努力

　　台灣文化創意聯盟協會榮譽理事長李永萍，到上海參加特色小鎮商機研討會。她指出，大陸網路科技是世界級水準，有後發先至的成就，不應止於生活便利階段，而應以此迅速解決城鄉差距，儘管城鄉硬體水準正逐漸拉平，但在文化、文明方面可透過網路發達優勢加強，服務業也應依此教育提升。李永萍說，當今大陸網路科技已領先世界，解決了食衣住行等方面問題，令全球震驚，但在文創與服務方面，尚未全面重視。今後應在餐飲、養老、旅遊、民宿等，利用網路優勢，普遍嘉惠到遠近鄉村，使與城市同步向上發展。近年在「衣食足而後知禮義」情形下，文明社會已漸漸在大地上四處萌芽，社會上好人好事增多，故更可利用網路宣傳為善，引為風氣，藉以提升人民精神品質。李永萍強調，大陸內需市場有十四億人，就可很好的提升文明程度。

成貴高鐵與高公並行於
金沙江大橋

　　中國大陸新建高鐵，由成都至貴陽，把四川與貴州兩省省會連結，全長六百三十二點六公里，設計時速兩百五十公里。路線起自成都車站，經四川省樂山市、宜賓市、雲南省照通市威信縣、鎮雄縣、貴州省畢節市，到達貴陽東站，與滬昆高鐵、貴應高鐵連結。預定二〇一九年竣工通車。屆時坐高鐵至廣州只需六小時，到香港九龍只需七小時。這段高鐵創造了多項世界紀錄，如工程難度最高的宜賓金沙江公路鐵路兩用大橋，主跨距三百三十六公尺，為世界跨度最長的公路和鐵路設計的大橋（即鋼箱拱橋）。而此橋全長一八四七點九公尺，主跨為三百三十六公尺。為鐵路四縣道，公路六縣道，還有兩側行人道，故屬於重載橋樑。其貫穿大山複雜地質的馬堰隧道，一三三三公尺長的雙線鐵軌，軌道上層為公路，也是世界第一。

兩岸學者共識是大陸制度優於台灣

最近因為歐美學者指出，中國大陸制度優越，故能快速發展。引起海峽兩岸學者注意到雙方制度何者優越的問題。結論是大陸執政體系不受政黨輪替影響，執行對人民有利的政策，可長期連貫，不會遭遇政策杯葛等問題。經濟計畫與市場經濟相結合而取其有利運用，可集中力量辦重大之事；軍事方面視需要可大力發展，各種先進科技全力配合，並作有效快速充實與向三軍強大方向改進。文化方面自始便極受重視。教育制度與教材優良已為世界公認。而中華文化除文革時期外，其建國後與改革開放後便大力提倡，致在國外所設孔子學院已五百多所，如今更大力推行中華優秀文化。二十一世紀來臨，歐美鬥爭式外行互選的政治制度失之專業，一人一票屬盲人瞎馬，當選人皆政治外行，且只知黨派私利為先，人民無法如大陸般被優先服務。美式民主即假民主，吃虧者是被利用投票的人民，故人民只是黨派耍弄的工具。

中國大陸有「灣區經濟帶」

　　所謂灣區，即占地利之優勢，海陸空交通樞紐。對外運輸便捷，人口聚集，是經貿發達之地。因此在中國大陸快速提升經貿後，各大碼頭向內陸輻射的地方就成了進出口要衝。目前除了粵港澳大灣區，尚有渤海大灣區、京津翼、滬寧等大灣區，而正在成形的浙江大灣區後來居上，亦跟著南北各大灣區進入國家大灣區。其目標也與各大灣區一樣，將爭取發展成世界級。以目前經濟快速前進推測，今後三至四年的 GDP 將超過台幣二十八兆，或者更多，因為此區數位經濟貢獻極大，現代化高新技術產品量亦大，完整的現代化目標在望。浙江省規畫了三階段環環相扣，即從宏觀、中觀、微觀各層面，圍繞產業創新、城市、交通、開放、生態等重點領域充分建設，加快將傳統產業轉型為高新產業，另外，計畫升級服務業、建設金融中心，及全球性新興文化與旅遊產業基地。在互聯網方面，要建成高水準自主創新示範區基地。還有打造世界級港口、機場群，以配合自由貿易區、電子世界貿易平台等規畫。

大陸崛起靠制度優越

　　由於大陸崛起，在短短三四十年內，竟發展成坐二望一的國家，綜合國力直逼美國，甚至在科技創新方面已與美國平分秋色，各有千秋。於此同時，國內百業興盛，人民日益富足，國家趨於強大。這引起歐美學者關注，並進行深入研究，認為能帶動十四、五億人民奮起努力向上，必然有良好的制度不可。經研究發現，「中國特色的社會主義」是中國發展的動力。他們認為，這已走在時代前面，有關選舉制度，首先是當今世界唯一行「政治專業」的國家，其選舉必從基層以至最高領導，是政治專業互選產生。譬如醫生的程度高低，只能由醫生業內推舉，一般百姓絕不可投票，同樣的，政治方面更是管理眾人之事，為最複雜的專業，絕不可讓局外人投票選。於是歐美式「外行選外行」所謂民主制，與中國專業的民主制立見高下，故中國所選出的政治人物均為治國能力強的精英，他們經過千錘百鍊，執行力強，深知如何滿足民之所欲，做人民忠實的公僕。而歐美及台灣的民主則是外行選外行，不懂政治者出線的壞制。

反制「薩德」有良方

　　美國挖空心思欲控制和搗毀北韓核基地，同時想藉打壓北韓之便，將「薩德」飛彈以強硬手段進駐南韓。如此雖明的劍指北韓，卻暗地裡可威脅到中國和俄羅斯。儘管中俄兩國一再反對，美國自然不聽，反而認為「一箭三鵰」。但萬想不到強中更有強中手，很快的中國祭起了「天使之杖」衛星，可立即將「薩德」的「千里眼」打成瞎子；而俄國有超強防空導彈「S-400」消除「薩德」威力。後來，中國又增加反制「薩德」利器「紅旗-9」防空飛彈，並量產服役交解放軍使用，這一新型防禦飛彈，可直接威脅到美國在南韓、日本、關島、琉球各地美軍基地，其反制威力蓋過了「薩德」。同時，中國較早向俄國訂的 S-400 又交貨運抵中國大陸，布署在沿海，更增加了對付「薩德」力量。顯然已使美國不懷善意的作法「賠了夫人又折兵」，反被中、俄兩國以武力將其克制成陰謀無效。

中國式垂直起降戰機

　　英國和美國均有垂直起降戰機，一般認為屬航空製造難度極高的工程。殊不知大陸也已研製成功，但何時量產服役尚未明朗。據軍事家指出，美製 F-35B 戰機為垂直起降，英國鷂式戰機亦同，但它們的缺點是總油量消耗太多，可達三分之一，故作戰半徑大為縮近，僅能在一百十一公里內戰鬥，其能力大減應為缺點。大陸研製者為雙發動機，機腹下有專用升力風扇，提供垂直向上動力，而美製只用一個風扇的發動機。據美國媒體報導，研製垂直起降戰機，起因於艦載機起降過程中，在進行演訓時，曾死亡超過千餘人，才開始研製垂直起降式戰機。唯中國航空工程師認為，製造垂直起降戰機，技術不如想像一般困難，故設計與製造均極順利迅速。現只在研究減少油耗等缺點中。未來中國航母應能有傳統式艦載機、垂直起降機及戰鬥直升機等。

地鐵車廂在美建廠

　　由於大陸瀋陽與烏魯木齊，和美國芝加哥均地處高緯度地區，即北緯四十一點八度，氣候寒冷雪天多。在美國將不斷採購大陸車廂情形下，乃由中國青島四方機車車輛股份有限公司，在美國芝加哥投資一億美元設廠出貨。工廠占地二百七十五畝，為中國地鐵出口先進國家最大訂單國。首批八百四十六輛，售價十三億美元地鐵專案車廂，依約在當地製造。中車四方公司在芝加哥總組裝廠，位於芝加哥南部托倫斯大街一三五三五號工業園區內，廠區面積二百七十五畝，其中三萬五千三百九十一平方公尺為廠房，現已完成即將投產，今後每年產能一百六十八輛以上。車輛調試等各程序至交車廂作業。根據成本核算，車輛的本土化比例為百分之六十以上。此外車體總組焊工程仍在青島中車四方公司完成。此項美國本土採購方式，推動了當地經濟發展和增加當地就業機會，也確保該城地鐵安全舒適，並作為以後向歐洲各國進軍的示範。

第一條無人駕駛地鐵

　　國產全自動無人駕駛地鐵開通，大陸北京到燕房，全長十六點六公里，沿途九站，時速一百公里，共掛四車廂，列車可坐千多人。列車從出車庫、發車、行駛、停車、開關門、回車庫、休眠、洗車等，全由控制中心人員遠端遙控，降低人為操作的失誤，保障行車安全。這列地鐵由北京市軌道交通公司、青島四方機車車輛公司及相關零組件公司等，共同研發。從車輛集成技術至牽引、制動、網路系統控制等核心技術全部自主研發，並採用領先國際的安全技術，一旦碰到障礙物，或發生脫軌等情況時，會自動緊急停車。由於這條具示範性全自動化地鐵的開行，接著上海是用世界最先進無人駕駛技術，採用膠輪路軌，低噪音二十四小時運行。此無人駕駛地鐵為上海八號線三期工程由沈社公路站至浦江鎮段，全長六點六公里，載客量七百二十六人。已通車一年，情況良好。

每小時一萬一千公里飛彈
初測成功

　　端看一國家是否人才濟濟，就知道其解決問題的能力有多大。因一般人認為是問題，在專家眼裡便不成問題。近來常風聞中國科學家在研究超高音速飛行器，但一直停留在傳聞階段。直到最近香港媒體才有了較具體證實，據了解，這種超高音速導彈自二〇一五年開始研發成功並測試。此飛行器尚未命名。其速度達每小時一萬一千公里，是任何防禦飛彈不能攔截的。它可把核彈頭在一小時內，投送到世界最遠的任何角落。它的研發主要在破解各類防禦飛彈，對好戰者起到警惕作用，以維護國家安全，同時保障了核報復打擊能力。至於這一超高音速之所以尚未命名，據港媒報導，國家科學院似認為仍可將速度再提升加快，最後定速定案後，始予定名，並正式公開。

電磁攔阻勝過美國

　　大陸獲重大突破的航母電磁攔阻裝置，遠勝美國。大陸科學家是用新型結構，尺寸縮小三分之一，重量則大為減少了百分之七十。據軍事家指出，與美國新服役的福特核動力航母的電磁攔阻裝置相比，中國研發的新型電磁裝置，有突破性創新，已在尺寸及重量上減低。這是航母最重要的關鍵技術，與戰鬥力有關，也是航母領域最重要且難度係數最高的一項技術，能有此突破，誠屬不易。電磁攔阻系統操作簡便輕巧，方便調節，不但縮短反應時間，還優化了攔阻效果，尤其當不同重量的飛機輪流降落時，操作員只要按下電鈕，一切都能交由自動調節裝置搞定。反觀，美國電磁攔阻裝置中有個大錐形捲筒，當飛機掛上攔阻索後，攔阻索由上面抽出並帶動捲筒轉動及發電機與水渦輪工作。這種錐形結構能讓攔阻索隨著飛機著艦後，制動速度降低同時加速轉動，使電機效率下降，以便讓吸引著艦能量的電線更為平緩。此複雜過程不如大陸的簡便。

有人搶中華文化只因太偉大

　　偉大延續五千年的文化，在中國大陸強力崛起的今朝，已輝煌燦爛閃耀光芒於世界，一時令歐美忌妒。起初亞太諸國慌張，後來發現大國崛起卻出奇的主張和平，放下心來之際，有人發覺中國快速富強，是因中國祖先太偉大，能激發後代奮發向上向前。既然大陸主張和平，那便「搶」幾個偉大人物以鼓勵後進。於是，渴望偉人的南韓與中國距離較近之利，乃不顧顏面，下手「搶」去。先從屈原下手，指為韓國祖先之一。又一連串厚著臉皮稱中醫、聖人孔子，無不是韓國的，最近更令人啼笑皆非的是，居然硬將大陸中華武術之太極拳創拳人張三豐，指係韓國人，且將向聯合國教科文組織申請物質文化遺產。這種「搶」別國先人的作法雖令人哭笑不得，但聯合國不應以先來後到為由，或不公正審查處理類似「搶老祖」情形，否則失去公信力。

電腦勝人腦

　　大陸棋聖聶衛平，在親見騰訊公司開發的圍棋人工智慧機器人「絕藝」，在日本東京第五屆電聖戰世界人機大賽，於二〇一七年三月二十六日舉行。「絕藝」力克日本棋壇新秀一力遼七段，這盤棋是採用對人類較有利的六十秒「讀秒制」，而可愛的機器人「絕藝」仍能得勝。大陸棋聖驚歎不已。他表示早聽聞「絕藝」厲害，卻不知道竟到如此程度，真出乎他想像。此局「絕藝」黑子開局，左上定型，接著碰到右下角。開局三十手，「絕藝」已判斷百分之五十勝券在握。這「絕藝」下棋模式特別，一切以機率計算為依靠，AI 電腦運作精準。黑子 89 手當空一併，一力遼乃陷長考。而「絕藝」在計算盤上「大珠小珠落玉盤」似的一陣之後，一力遼七段大敗，並在一天之內連輸給「絕藝」兩盤，證實電腦在人手上竟比人腦更厲害。到底是人腦還是電腦厲害，請讀者自行思考。

大陸海軍崛起亞太和平到來

　　中國大陸與列強在本質上不同，因中華文化崇尚和平，故越發展越能以互敬互愛互助對待各國，經貿以互利為主。中國之所以大力壯大三軍，主要在自衛，維護國家安全。現在各軍種皆齊頭發展，武器自製、海陸空、導彈等，特種部隊不但訓練精良，世界大賽也曾連續數年全球第一，超過成天打仗的美國。根據俄羅斯軍事家預估，不久後的將來，中國軍力將在太平洋勝過美國，立即有人指中國大海軍之時代來了，亞太煙硝將起。唯大陸軍力之強大，凡了解中國者，無不安心於這將是穩定亞太最需要的力量。俄軍事家是見大陸各軍種硬體裝備快速提升，製航母竟三年一艘，其他巡洋艦、驅逐艦等被稱製造之快如下餃子，故可預見大陸軍力在亞太及南海、東海、太平洋等勝過好戰的美國。而大陸能保障地區安全，共同經營經貿，使各國人民過上安和樂利好日子。

世界最大跨度推力拱橋建成

　　中國人自古便善於建橋，歷史上還有許多著名的橋，引發文人墨客靈感，寫下不朽的詩篇，令後世代代傳頌，啟思古幽情。但如今華夏崛起，掌握現代科技，則中國築橋技術，加上傲視全球獨有的超級鋼的研製成功，更使造橋技術獨步世界，諸如上海至寧波長三十六公里四線道跨海大橋，美國工程師估計最少十年方能達成。然大陸不滿三年一千五百橋墩之海上大橋竣工通車，筆者曾坐巴士通過，而上海專供貨櫃車的東海大橋亦跨海三十餘公里。及甫通車的港、粵、澳大橋等均屬世界級工程。今世界最大跨度推力拱橋，名「香溪長江大橋」主體工程完工。該橋位於三峽庫區湖北省秭歸縣境，長八百八十三公尺，主跨五百三十一公尺。雙向四車道公路橋。為目前世界上最大跨度鋼箱桁架推力式拱橋，創造多個世界紀錄。而美國紐約鐵橋及舊金山金門大橋之翻修均由大陸全包，含一應材料等。

再談電磁引擎

　　在美國剛完成電磁引擎實驗時，中國大陸科學家已將此技術進行實物運用。電磁引擎即使曾被認為違背物理定律，然美日等國科學家仍數十年孜孜鑽研。正當美國科學家宣布完成實驗室階段時，不料中國大陸科學家透露已在太空站天宮二號中使用「樣機」。隨後便製造出電磁引擎產品，接近量產推廣階段，預估將成為搶手貨，顯示在研發上已搶先美國。這種電磁引擎，不需任何燃料，是最省錢、無汙染、不排氣的長壽動力引擎。如採用大陸獨步精煉的特殊超級鋼，必定如魚得水，增加其耐用度。近期大陸科學家已將電磁引擎設計於能夠普遍運用在人類生活便利節省及環保等廣泛應用上，或車、船、飛機各交通工具上，改變能源用途，嘉惠人類，對地球資源安全增加保障，貢獻之大絕非等閒。

中國矽谷媲美美國矽谷

　　從北京中關村發展的上地軟件圖，被稱為「中國矽谷」。在這裡集聚了大陸海內外知名科技創新企業，他們正加快步伐向軟體和資訊服務業領域，建設成具有全球影響力科技創新中心。這兒有完善健全的創業生態。首先園區高校在四週，名校雲集，因此科技人才源源而至，可深層培養。接著，全國大型企業如新浪、百度、網易、騰訊等大批成功的互聯網企業進駐，更帶動了創業風氣，留住優秀人才。至於此地工作環境，與美國矽谷比較，有過之而無不足。國內環境精心設計，從辦公大樓設計，到餐廳、健身房、遊憩區等規畫，均令人生活其中有舒適感，而大樓建築融入綠色環保低碳節能，量身制定 PM2.5 過濾和二氧化碳傳感器聯動新風系統，配備空氣過濾、紫外線消毒、風景自動調節等，以科技機器自動操控。其他如人員培訓、業務討論、訊息發布、會議廳、攝影棚、新聞發布、廣告製作部門等，一應均有。美國矽谷曾來北京訪問，認為積極性佳。

時代的巨輪越轉越快

　　人類在進入二十一世紀後，百業興盛，科技更一日千里，如飛前進，並出現了 5G，其速度把過去以小時、分鐘，躍進至以秒計算，稱為「5G 時代」。現全球正摩拳擦掌迎接此新時代到臨。大陸政府規畫二〇二〇年全國布局完畢，希望二〇二五年全球市占率百分之十四，甚至能超過，則商機更可觀。然大陸科技大省廣東，目前已開始搶進，要在二〇一九年在珠三角地區布置好 5G 網路，準備建好基地台七千三百座，及光纖網路配套；而中國鐵塔廣東省分公司與政府單位將攜手，以 5G 基地台布局為重點，依電信業者需求，制定廣東省各市未來五年的行動通訊基地站建設規畫。預計一年後 5G 商業化，故各相關技術正相互結集專家積極研發，全面配合依時布建完成中。

高速公路全球最多最長

　　改革開放初期，海峽兩岸開始交流，大陸方面想升級到雙方政府會談，當時見諸媒體的報導，台灣方面有人放話「等你們哪天也有高速公路了，再說……」。想不到時至今日，大陸高速公路長達十三萬餘公里，且路面品質合乎世界標準的高級路面，其穿過的大小橋樑和山洞隧道多到難以計數。凡橋樑山洞少的地方，一年能通車一萬公里。目前各地高速路仍進行快速建築中，早為世界第一，而最令各國驚艷的是，如此多又長的高速公路，竟都在沿路兩旁種下適於快速生長、樹體筆直的「護路樹」，豈非偉構中的偉構。另據媒體報導，大陸全國公路收費將取消，這更是全世界國家做不到的。過去台灣有人談希望高速公路免收費，認為維護公路應收費已過多，在車輛越來越多情況下，政府應逐漸將收費下降，減輕人民負擔，又使交通順暢。政府是為保護人民安全，社會安定，生活富有快樂而存在的。在大陸「要致富先修路」，終成世界第二大經濟體了。

衛星發射好買賣

　　由於火箭技術十分成熟，中國大陸發展出三百六十行外又一行，即商業衛星。目前中國長征火箭公司，開始提供各方衛星發射服務，比國際價格便宜百分之三十，並有各種客製化配套服務，且射越多價格越划算。所謂配套服務，是提供從搭載發射到衛星組網的全套系統解決方案，甚至還有太空人低軌道體驗等。長征火箭公司提出太空星網、太空順風車、太空班車、太空專車等四種發射服務。太空星網是指需要多發衛星組成網路的客戶，選擇合理的載荷搭配與組合，降低發射成本；太空順風車是利用現有長征系列火箭發射任務的剩餘運力，提供搭載服務。而太空班車，每年相對固定時間如班車般同時搭載多衛星，專車是量身訂製，依客戶指定軌道及重量、速度發射。還有多家小衛星機構，包括衛星製造、布局、導航、通信、遙感等均可洽談。

衛星電話大降電話費

　　被稱為「太空絲綢之路」的「天通一號 01 星」，這是衛星電話，它特別之處，在於可以同時切換到 3G、4G 的行動電話系統，且衛星話費每分鐘一元人民幣左右，是目前國際行情百分之十。有了衛星通訊，智慧手機隨即上市，亦將打入英國國際移動衛星公司主導的全球衛星市場。現在大陸衛星電話「天通一號01星」覆蓋範圍除本土外，包括亞洲、南海。為「太空絲綢之路」長期戰略之一部分。據航太科技公司第五研究院透露，天通智慧手機覆蓋了全亞洲後，將繼續發射衛星，以覆蓋全球。今後如緊急通訊、海上通訊、野外地質勘探人員、偏鄉遠地邊區救災、地面通訊網遇天災時可發揮作用。天通系統已在中東、非洲等地開發用戶，地面則由中國電信公司負責。而大陸本土長途電話聞將一律免費。

保障安全的核電站

　　為了環保，中國大陸努力發展核電。但由於核電關鍵零件一直掌握在外國廠商手中，長期仰賴進口，且易被網路入侵，乃集中科學家鑽研，終於將稱為「核電神經中樞」部分極複雜的軟體及硬體零件等，一應自主製造成功，突破了受制於人的苦況，在安全上也有了保障。據大陸中國應核集團稱，陽江核電五號機組，是大陸第一個使用自主製造的「神經中樞」的百萬千瓦核電項目，這是大陸核電重大技術裝備製造領域示範性事件。近年在核電技術上不斷克服難關，取得自主知識產權。在數位儀控系統，又稱「神經中樞」部分，是保證核電站安全，穩定運行的重要部分。但這套複雜的高深零組件，控制在少數先進國家之手。如今一切自主，將對未來建核電廠及核電外銷、成本降低等，還可配合一帶一路沿線，致力推廣核電，在未來競爭上立見優勢。

兩張談判照片看盛衰

　　最近因川普以美國利益至上，極霸道的挑起「貿易戰」，不顧一向引以為傲的公平競爭，硬行叫囂貿易必須平衡，不認市場因素，及至中國表示「奉陪到底」加以「回報」後，美國當局方冷靜思考發覺得不償失，此事不但兩敗俱傷，且所失將比中國大陸更大，甚至影響川普連任。於是乃經多次雙方會談，緩和了全球矚目的兩大國之間的貿易大戰。然而兩國談判時的照片，引起了大家注意，發現照片裡參與兩國對談的美方代表均老邁，白髮蒼蒼，強打精神，皆已上了年紀，八十出頭者多；而對手中國則年輕者眾，最高齡劉鶴也只六十六歲。於是好事者找出清末與美簽定《辛丑條約》而喪權辱國時，中美當時談判的黑白照，正好和這張雙方談判者相反，即滿清官員個個老態龍鍾，而美國官員英姿煥發。然百年後的照片，雙方相反，是否顯示美國某方面人才後繼無人，中國人才濟濟，十分年輕，朝氣、勇氣、活力正旺。從兩張照片窺國力之消長，十分有趣。

自製客機三種均進入量產中

　　過去大家只知道大陸能造船艦、高鐵、車輛等，如今卻進入客機自主設計製造時代。這三種飛機分別是 C919 客機、運 -20 運輸機和蛟龍 600 水陸兩棲飛機。C919 客機，類似美國 737 客機可坐一百九十人，最大航程五千五百五十五公里，最高巡航速率零點八二至零點八四馬赫。試飛成功後已接五百架訂單。而運 -20 為大型軍民用機，最大航程七千八百公里，最快速度每小時九百二十公里，最大載重二百二十噸，發動機採用俄羅斯製 D30KU，並將逐步換裝陸製 W5-20 型。至於蛟龍 600，又稱 AG600，為大型水陸兩用機，是森林滅火首選，兼具海上救援設計。最大起飛重量五十三點五噸，能在二十秒內一次汲水十二噸，最大航程超過四千公里，一次可救援五十名海上遇難人員。AG600 為目前世界最大水陸兩用機，也能擔任海上環境監測、低空搜索等任務。

中國大百科全書的電子版

中國大陸為了增進國人知識，讓世界認識中國，將推出《中國大百科全書》電子版。這被稱為打造「中國的文化萬里長城」，以自創平台引導公眾，由大學學者負責編輯，內容豐富、深入，是國內外必須閱讀的萬有字典。《中國大百科全書》，是傾全力，動員兩萬多位專業學者精心著成。三十萬條目，每條千字。內容是大英百科全書的兩倍之多。它可化解國際龐雜低俗文化誘惑，綻放高尚、向上、正確人生觀，是走向快樂的源泉並有引導眾人和社會和諧與推己及人作用，自然藉以化解不正常的國際壓力必見功效。此書品質內容對人類有益，具教化與變化氣質，使讀者潛移默化，除吸取廣博知識，尚有西洋百科做不到的發揚中華文化仁愛互助、獨樂樂不如眾樂樂精神，使人類脫離達爾文式叢林弱肉強食的禽獸思維。當今是專業時代，必須尊重專業，凡夫愚婦怎能有意見。

當豬八戒硬與孫行者鬥

　　凡看過「西遊記」的人，一定對有情有義、足智多謀、心存忠厚、本事超強，能制服任何妖魔鬼怪的孫悟空有所認識；而豬八戒人模人樣，卻極端自私自利，甚至見利忘記一切，更糟的是見色就發狂。把中國比作孫悟空，美帝比作豬八戒，我認為頗恰當。兩國一來一往高下早見，而美國急色鬼醜態，只有台灣頭腦漿糊者才會欣賞。且看美帝不願見中國走得太快，便四處搞蛋，將其施政重要工作訂在困擾中國，便可知其心不正；然忠心為十幾億人民福祉，及急欲第三世界國家共同發展的中國卻埋頭拼搏努力前進，對美國以洪荒之力無所不用其極的圍堵時，仍可突破重圍，常有石破驚天神來之筆，不願與對方作禽獸鬥，單憑此文化底蘊，博古通今的智慧與仁厚和平的遠見，便使美國費盡心思設的障礙失效，譬如憑大陸基建的印尼首都雅加達到萬隆高鐵，就突破了美國在馬六甲的制約，並削弱了美國在東南亞的影響力。總之壞心眼的豬八戒最終仍贏不了孫悟空。

網遊稱霸世界

　　在網遊市場商機無限、成長快速、競爭激烈下，大陸二年前即二〇一六年便超過了美國，成全球霸主，並以龐大資金掃貨世界各地。百億美元收入稱霸全球的騰訊，已遠超過日本索尼、美國暴雪，為世界上最賺錢的公司。在資金、數量、速度、商業模式、政策等各方面都有利於大陸業者情形下，大陸網遊早將東亞較出色的日本、南韓及台灣打敗，並進逼歐美而在全球市場獨領風騷。大陸雖是山寨起家，卻因勇於創新，又積極與各國合作特殊設計，如日本原畫師作人物設計，作品竟比日本所做的更具日本風格。凡攻入各地市場，都直攻其上游廠商，故無論各地包含台灣在內所用各國產品，其實均有大陸因素。至於目前台灣谷歌商店熱門遊戲排行榜，前五名皆屬大陸，而排第二名的「星宮獵手」仍是「中日台合作」，可見無法沒有大陸在內，而「星宮獵手」在台上市前一個月已在大陸市場開玩。

全球超高大樓都在中國大陸

　　凡高度超過兩百公尺的大樓，都據世界建築業組成的「高層建築與城市住宅委員會（CTBUH）」評為超高大樓。大陸數量超過全世界，共有六百多棟。高度世界第二的，名為「上海中心大樓」，高六百三十二公尺；台北「一○一大樓」只五百零九公尺，為世界第五高；而美國「世界貿易中心」五百四十一公尺，排名第四。世界第一高仍為八百二十八公尺高的杜拜「哈里發塔」，但它是光桿只此一尊。大陸不但超高大樓多且如雨後春筍般相繼出現。至於觀景走廊等設備，及寬度則「上海中心大樓」勝過「哈里發塔」，內有形式多樣觀光配套設施，從序展區至五百四十六公尺觀光廳只需五十五秒，如到了雲端。在寬大舒適觀景台飽覽上海各方美景。排名世界第六的是「上海環球金融中心」其高四百九十二公尺；香港「國際商業中心」高四百九十公尺為第七高；南京「紫峰」大樓高四百五十公尺，排名第九；馬來西亞「吉隆坡雙峰塔」四百五十二公尺，排名第八；美國「威尼斯」大廈四百四十二公尺，排名第十。

大油田相繼發現

　　中國大陸在南海可燃冰開採成功驚動世界，因其品質勝過汽油，能完全燃燒，被視為最佳能源。據學界估計，地球上的可燃冰藏量應多於汽油，妙的是最多的含量卻在中國境內。預測就現今大陸充足使用量，應可開採千年。就在舊田大慶等仍大力取油的今天（據台灣學者不久前訪問大慶證實在全天候開採取油正常，破解枯竭傳言），在探測技術不斷改進下，新油田便一個接一個出現，藏量也越來越大，如甘肅新油田藏量四十三億噸。能源專家指出，美國石油由於長年大量開採，油井漸枯，而中國無論油田或油汽田，才開始生產，必然使用時間可特長持久。這對國際波動的油價自能有效調節。最新油田在甘肅省平涼市，與第二大油氣田遠遠相望，是著名大油區。不可懷疑的是，在可預見的將來，甘肅、蘭州以至新疆等地大油田、油氣田的出現，將使經貿大繁榮，人民生活更向上提升，成為興盛之地。

汙水變清水不是魔術

　　大陸科學家研發成功並獲獎的新治汙材料，由三雄石墨稀管和黑色二氧化鈦混合而成，其原理是利用「物理吸附加光化學催化降解」，先由三維石墨稀抓住有毒的有機物不放，再由黑色二氧化鈦作為光催化劑，吸收高達百分之九十五的全太陽光譜，把有毒有機物降解為二氧化碳和無汙染的無毒水。只需光照兩週，便可明顯改善水質。使汙水變清水，目前已在安徽、上海、江蘇各地推廣。這項成本低廉功效好的科技，由中科院上海矽酸鹽研究所首席研究員黃富強帶領的團隊，經多年努力成功，獲得「國家自然科學獎」。其新材料還可以降解印染、皮革等導致嚴重汙染的廢水，把水中毒重金屬，加入一克多孔新材料，吸附一點四七六克鉛離子，簡單酸化處理，即可加工成高附加價值材料。現在這些成果均已進入商用。

一「臉」走天下時代

　　自改革開放後，大陸就如一鍋水沸騰了，百行百業如萬馬飛奔，以美國為首的列強，還來不及設法阻擾，卻已發現無論經濟、科技、軍事、外交、交通、文化種種追趕或超過，再論打壓已然太遲。別的不說，當各國正追趕手機付款之際，大陸已更上層樓，用臉搞定一切，不用麻煩手機了。亦即只要有一張臉，不分美醜，就能憑它走天下，無論登機、上車、跑銀行、購物、吃飯，無所不通，甚至上公廁免費取紙刷臉即可。於是有笑話言，有人警告朋友，注意免學「韓星」整容變臉，造成「行走」困難，則給自己找麻煩。另外，旅客到了機場在登機閘口露臉後可直接登機，不必等候，而停車、免稅店購物或VIP休息，均獲辨識系統追蹤提醒服務。這種臉可綁定一切付費功能的快速變化，應為「中國速度」之一吧。各國該怎麼追？

資安駭客大會首次在中國舉行

　　被稱為資訊安全「奧斯卡」的駭客大會（DEFCN），創辦二十六年來第一次由美國移師中國大陸舉辦。全球各地專家、安全愛好人士齊聚北京。據悉，一年前加拿大曾舉辦世界駭客大賽，以獎金百萬美元獎勵，當時吸引世界高手無數皆未能駭入，不久中國上海八名駭客趕到，代表該團隊的小伙子只用十五秒駭入寫下獲獎紀錄。此次駭客大會在北京，主要除是一個高端電腦安全維護大會，更藉此次大會讓各國專家共同探索交流，找出應如何防止漏洞發生，如他們能用手機中電腦鍵盤，駭入自動販賣機系統，找到漏洞，把飲料單價改低，或可透過網路破解販賣機系統，改變其定價。或抽獎頁面。總之全球頂尖駭客認為網路為害是無界的，因此安全也必須共同維護。不過，自從不久前中國大陸量子衛星之成功運作，已使全球駭客震驚，它已使駭客時代終結，今後凡對大陸入侵的駭客，不但不能進入，而且大陸會立即知道入侵者身分，這類大會已無意義了。

帶路戰略惠全球

　　正當美國自歐巴馬倡導重返亞洲，潛心花大錢駐軍、增武器，聯絡勾結亞洲各國設計所謂島鏈，公然宣布圍堵中國大陸之際，有智識的美國學者突然驚醒，世界已被中國反包圍了，挖空心思尋找圍堵良策已是徒然，大陸早已跑向世界，在全球布局大發展，除經貿外，亦推行仁愛互助互利的高尚中華文化，並租下大量國外土地，十多處港口，鋪射發揚和平向上的孔子學院，以便加速了解各國助長經貿擴大發展。在極短時間已將一帶一路連貫了北京、寧波舟山港、福州、廣州、南海、河內、雅加達、吉隆坡、可倫坡、加爾各答、肯亞、坦桑尼亞、地中海、威尼斯、杜伊斯堡、鹿特丹、莫斯科、伊斯坦堡、德黑蘭、杜尚貝、撒馬爾汗、比什凱克、阿拉木圖、霍爾果斯、烏魯木齊、武威、蘭州、西安。這只是已通的陸路軌道火車，在短短時間已與沿上述陸路商貿交易近兩兆美元，震撼了西方。歐巴馬應屬心術不正弱智者。

武直-19 被喻為「黑旋風」

　　大家都知道《水滸傳》中有個好漢直腸子李逵，綽號「黑旋風」，擅使兩把板斧，有萬夫不擋之勇。大陸自主研發製造成功的「武直-19」武裝直升機，人稱「有兩把刷子」。它體長十二公尺，旋翼直徑十二公尺，高四公尺，最大起飛重量四點二五公噸、時速兩百八十公里。其武器包括空對地飛彈、空對空飛彈、航空火箭彈等，且前後進退旋轉靈活，因其本身（空機）重量小載重大，巡航速度快，爬升力強，與國外同級相比，優勢立見，故極具銷售競爭力。在安全上設計易保護尾樂、降低噪音，使攻擊有較佳的隱蔽性。火箭則是多管設計，可在極短時間發射十數枚殺傷力強大的火箭，能剎那間打擊大面積目標，空對空飛彈可掛四枚，更是裝甲車剋星。此直升機在航展中受各國重視已有百餘訂單，外銷堪稱暢旺。

東風 -21 的威力

　　世界早已公認火箭研發是無人能出其右者的中國大陸，其火箭種類之多，樣式翻新之快，令各國都看得眼花繚亂。當然所有設計層出不窮的飛彈火箭，都旨在自衛，可是一旦被無緣無故攻擊後便為報復之用。此處之所以提到東風 -21，因為它已是方圓三千一百公里內的頭號殺手，威懾住美軍在大陸周邊的所有基地。特別之處在於它是能換裝核彈頭的導彈。它體長十公尺七，直徑一公尺四，重量六百公斤以上，可將常規彈頭隨需要迅速換上核彈頭，用的是固態燃料，作戰具靈活性。目前東風 -21 有六個飛彈旅，每個發射營有三輛機動式儲運、起豎、發射三用車。這種飛彈由能裝一枚可攜帶威力相當兩百萬噸TNT 黃色炸藥的核彈頭的東風家族，而逐步改進成功。現已在各理想地方布署完備。

年輕人擁有房子比例大陸世界第一

　　儘管中國大陸房價不斷上漲，一般年輕人薪水難跟上，但在外國專家深入調查世界各國後，發現中國有個不可思議現象令人難以置信。就是八十後及九十後出生的青年數量龐大，儘管收入不夠值產，卻百分之七十多擁有自己的住房。據滙豐銀行與 BBC 的實地調查，這情形在美國、法國、英國、澳洲、墨西哥等均在百分之四十上下。沒一國青年擁房率高達百分之七十的，中國青年人買房的積極性，也位居全球第一，而尚沒有住房的「千禧年生的一代」，經調查亦有百分之九十一，計畫在未來五年內買房。此只比墨西哥的百分之九十四略低，遠高於法國的百分之六十五，英國的七十四，美國的百分之八十。此現象與傳統文化有關，中國人講求「立業而後平天下」，立業後緊接就是結婚生子，傳宗接代，又因而結婚前要有房子，急於抱孫的雙親，便早在為兒女打算，存錢購屋了，這就是中國的特色。

扶貧列車似大陸才有

　　每小時只需四十公里，專為偏鄉農民服務的火車一開四十八年，全長三百五十三公里，從改革開放前通車，是國家極困難時專門便利農民，扶助產品外賣，經貿交流及學生教育便利等設的大眾交通工具，正所謂要致富先開路。這條線票價低廉，全程九小時七分只需二十五塊五角。每天上午七時開出，最低起價兩元，六十歲以上免費，貧困戶全戶均免費坐，從不更改價格和免費規定。平時鄉間居民把農產、手工製品等自己由火車運出銷售，或看病、買生活用品、訪親等。平時車內雞、鴨、鵝、各種蔬果、行李大包小包擁擠而熱鬧，也有趁此交換心得大談農技、談家常，山地學生也靠此至縣城上學。該列車終年準時行駛，一人搭乘也照常發車。沿線六站，有時豬羊也免費上車運往市場，服務人員耐心亦為一景，應是最佳服務獎得主。近年國外到中國旅遊者日眾，偶有發現「扶貧列車」，認為以前從沒見過，當地領導者稱：「這就是中國特色社會主義。」

再談東風 -5C 的震撼

　　這種新型威力強大的導彈，每枚可攜帶十個核彈頭，每彈殺傷力為當初美國轟擊日本廣島、長崎原子彈的兩百五十倍威力。每一分導出的核彈頭是智慧型的，會自找設定好的目標，最驚人的還是能躲避防空飛彈。此導彈在準確度方面亦很出色，誤差不超過五十公尺。另一優點是它不一定在發射井發射，還可在發射車上機動發射。射程不必以里計算，因它能覆蓋全球。東風 -5C 是中國大陸科學努力的結果。據了解，東風 -5C 具備運載單個當量達百萬噸級核彈頭，射程初估一萬四千公里，超過美國而達於地球任何地方，且精準度超過實際需要。按俄國專家指出，俄國、美國、英國與法國等的核打擊目前皆布署潛射彈導飛彈。像東風 -5C 如此長程者，其威力誠屬罕見。如今又輔以獨步全球的量子通訊，應為所向難敵，故必須再予介紹。

你聽過帶路獎學金嗎？

　　大陸自推行一帶一路後，沿線國家眾多，商貿發展快速，各種交流日益增多。各沿線國為了實際需要，包括海上和陸路大量人才不足，及為了和中國打交道，必須足夠了解中國語言、文化、經貿法規、交通、科技等等，因此紛紛派留學生到中國留學。據統計的二〇一二年迄今五年，大陸留學者高達二十萬七千餘人，估計二〇一八年超過三十萬人，來自國家如泰國、印度、巴基斯坦、馬來西亞、印尼、斯里蘭卡、新加坡、柬埔寨、越南等等。而各大學均設有獎學金，助學獎學金分為國家頒發、各大學頒給兩種，也有企業設立者，總之凡一帶一路國家需要與中國長期交流，商貿來往，應有足夠人才，故先往大陸學習，始能水乳交融，大做生意，並吸取中國優秀文化、科技、制度等。由於獎學金不斷增加，各國青年將更有意願前往。其他歐美、南美非洲除外，亦每年有數萬人，而目前台灣各著名高中也有往大陸一流高校升學的趨勢。

蛟龍深海潛入器獨領風騷

　　我們聽流行歌曲或看愛情小說，常有情侶互問你（妳）愛我有多深，及海枯石爛等句，雖都拿海之深比喻，但卻無人知道海到底有多深。如今大陸自主設計、世界獨一無二的「蛟龍號深潛器」可解答。目前已知的深度為七千零六十二公尺，蛟龍號於二〇一二年六月二十七日潛達。大陸對大洋科考已做了近四十次，蛟龍載人深潛了十餘次，主要調查海底環境、溝壁、微地形地貌、測量、了解海溝斷層、地質，不同水深區岩石、沉積物、底棲生物多樣性和成帶分布調查，深海拍照，採集生物樣品等。同時，採集高質量微生物、研究深淵生物極端環境適應性、對關鍵生源要素等機制提供樣品。蛟龍號曾在深海約五千公尺左右地方採到玄武岩、大海參、海綿、蛇尾、海星等。由蛟龍號深海載人成功，引伸到軍事用途已指日可待。

美中不斷在空中比武

　　自從中國大陸全面崛起，大力建設國家，發展經貿，崇尚和平，與人為善，講求雙贏之際，「十冬臘月生的」老美卻出奇的看著礙眼，從海、陸、空多方挑釁，逼得大陸不得不分出部分心思，也在海陸空各方面研發能使解放軍的裝備不輸逞能全球「凍手凍腳（動手動腳）」的老美。於是中美就像封神榜般你來我往，由地上、水下直鬥向天空，雙方利劍可在空中纏鬥飛舞奇招不絕。然而誰想到二十一世紀的今天，中美兩國一正一邪竟相逼相鬥不已。由於老美不遠萬里而至，以海空優勢耍帥而來，尤在空中直向壓迫，大陸科學家也不手軟，以殲 10C 對付美國引以為傲的 F-22 利器，因其戰機為匿蹤設計，使對方遍尋不著，它卻可用強力雷達將對方鎖定，加以擊毀。然強中更有強中「者」，大陸一向有「中國人就是頭腦靈活」的美譽，果不然研發出吸收雷達辦法，如裝於殲 10C 戰機上美國主力隱形機的雷達會被殲 10C「吃掉」，對方雷達波進入機體後會被吸收及消耗，根本找不到殲 -10C，大陸科技真是「鬼見愁」。

超高音速飛彈的出現

　　風傳已久的中國研製了超高音速飛行器，並判斷其速度將在十馬赫以上。據來自美國的消息，解放軍近來在配備新式高技術衝壓式噴氣發動機的高速度飛彈方面，取得了突破性進展。它是針對美國的「薩德」反導系統而來。它是對固體燃料衝壓發動機進行兩次成功飛行測試基礎上取得。美國媒體稱，研發這種飛彈，目的在於在亞洲需要和平，並指出已知的超高音速武器為東風 -2F，這是一種攻擊型武器，每小時達一萬一千二百公里高速飛奔擊向目標。美國國防部表示對大陸研發如此快速武器十分擔憂。已知俄羅斯研製的同類武器「結石」正在測試中，而中國採用衝壓式噴器發動機為動力武器已實驗成功，經過八次發射，技術應已成熟穩定，判斷速度或能超過俄羅斯尚在測試的「結石」。總之這類武器將使美國無法防禦。

5G 網路將覆蓋全大陸

　　倘若目前需七十分鐘下載者，大陸實施 5G 時只需六秒。由於商機太大，各國都在搶攻。大陸更挾雄厚資金決定初步以一千八百億美元起步。這是大陸「中國移動」、「中國電信」、「中國聯通」等三大電信公司的總投入。在 5G 的發展上，日本只支出四百六十九億美元。據報導，中國目前已規畫完成。二○一九年開始在各主要城市開始建設，逐步透過 5G 網路開始對創新型客戶和企業服務。至於 5G 投資規格大小將聯合三大電信公司共同研商決定。有業者透露三大電信商建設共同通訊網路的可能性很大。一般認為 5G 的發展無疑是另一新時代的到來。聯合國電信聯盟稱，將推出的通用規範，支援每平方公里一百萬個互聯網設備，一毫秒延遲以及資料包從一個點到另一個點的時間量的效能量和頻譜效率，以及高達每秒二十吉比特的峰值資料下載速度。預計三年後大陸 5G 用戶將有六億多，也有大陸專家認為可能兩年就到達此數目。

量子衛星惹來歐美強烈忌妒

　　大陸科學家研發出量子衛星，使以美國為首的先進國家，不斷透過各種新科技，如最強駭客等入侵中國竊取資料，卻萬想不到中國科學家破天荒的厲害，竟研究成功了一種量子衛星，名為墨子號。墨子為我國古代大儒、哲學家，主張兼愛非攻，用其名意義非凡。這衛星可立刻阻擋任何入侵者，任何駭客皆無計可施，而最可怕的是，任何不懷好心向中國攻擊的人會立刻被發現，自然他們處於劣勢；邪惡的身分就如在照妖鏡前一覽無遺，因此令歐美等國常愛對中國動歪腦筋的人無以遁形，而想要偷的東西也拿不到。無奈之餘乃厚著臉皮，硬憑空指墨子衛星「出意外」害得地球氣候變冷了。美國還有家公司指發生電腦病毒與中國有關，皆顯心理有病，不正常。從美國朝野輸不起的小家子氣看來，真不像個堂堂正正的大國。（這是不得不批評的題外文章）。再者，話說回來，既然中國連地球氣候都能變，他們竟還敢一直與中國鬥？

三個世界級大機場群在中國

　　所謂機場群，即在中心都市周邊興建多個機場以應付大量旅客。據台灣一位退役空軍將官說，大陸民航機有五千多架，每天在天空飛來飛去，加上國際航線的更難以計數，空中交通應已是最忙的國家。他說，這應付如此多空中飛機起降就不是容易的事，也實在不簡單。據了解未來十年間，大陸客機還將增加七千架才足夠國內外航機之用。因此大機場就必須以群來設計，規畫了京津冀、長三角、珠三角等三大地區，其中有政經中心、及商貿中心等，將形成三大交通網。這三個定案且開始興建和逐步完工，將是全球最忙的空中交通網。且與陸海交通網相連接，覆蓋與輻射全國並和國際交通。至二○二○年大陸將超過五百座機場，目前各大機場吞吐旅客超過五億人次，正趕工建築的七十四座，北京新機場預定跑道七條，高峰期一架起降只需四十九秒。

到海外投資的美商首選必中國

　　據了解，美國商人準備到國外投資，第一個選擇的國家不是歐洲各國，不是日本，更不是印度，而是中國。儘管大陸工資頗高，但有最大的市場，足夠的購買力以及基礎建設條件好、原材料充足、社會安定、水電供應穩定、投資地點選擇性大、海陸交通、陸海空港口現代化等優勢頗多。其次才是日本，印度第三，在東協各國中，則多選擇馬來西亞。據銀行界調查，五百家投資海外的美國公司中，有百分之八的公司收入超過二十億美元。百分之五十四不到五億美元，大部分公司是在技術領域經營。經調查，美商一旦準備海外投資之所以首選中國，與中國無疑正逐步成為世界最大消費市場有關，不少美商都想分一杯羹。而已在中國的美商，有大部分正擴大投資中。

在全球科技競賽中，美國與中國不相上下

從日本官方調查，發現世界上科技競賽只剩中、美兩強而已。日本發現，中國在電腦科學與數學、化學、材料科學、工學等四個領域領先全球，任何國已無法相比與其競爭；而美國則在物理學、環境與地球科學、基礎生命科學、臨床醫學等四個領域稱霸。該調查指出，美國目前最大危機是經費將發生問題，即川普開始削減美國科技預算，這將使全力直追的中國，把美國強項趕過，或可達到美國強項水平。若是如此，則科技整個關鍵領域只有中國獨霸了。據了解，中國已投入六十億美元以上建設全球最大的加速器，在最前端的粒子物理學領域，中國可能超過美國成為世界中心。至於帶動中國科研飛快發展的，任何現今世界無人可比的，是充足的資金，及其培養的廣大人才庫（含外聘）。日本科技名人伊藤裕子指出，中國突然在這麼多科學領域領先美國，實屬意外，其全面超過美國應已為時不遠了。伊藤裕子為日本科學技術振興機構研究員，也是科學觀察家。

X射線升空探黑洞

　　「硬X射線調製望遠鏡衛星」，是X射線空間天文衛星，簡稱慧眼。這個衛星的升空，提升了大陸科學衛星技術又一成就。設計在太空工作四年的「慧眼」，體型立方，重兩千五百公斤，能裝上高能、中能、低能等X射線望遠鏡，和空間環境監測器等四個探測有效載荷；可觀測一至兩百五十kev能量範圍的X射線和200kev至3Mev能量範圍的伽瑪射線。此衛星採用直接成像方法，透過掃描觀測可以完成寬波段、高靈敏度、高解析度的空間X射線成像，具有複雜的熱控保障，對地測控與數傳保障，以及載荷長期工作下的能源保障能力。「慧眼」主要工作模式包括巡天觀測。要觀測分析黑洞，對銀河系盤面巡天觀測，發現新高能變源和已知高能天體新活動，以及透過觀測中子星等天體之決變和解譜性質，加深認識緻密天體（中子星、白矮星、奇特星、黑洞等）以及黑洞強重力場中的動力學和高能輻射過程等。在逐步揭開太陽系的神秘面紗。

粵港澳大灣區經濟已超過
舊金山灣區

　　中國大陸崛起，收回港澳後更加速發展，如今這一地區經濟力已超過美國長久經營的舊金山灣區。然仍被港澳粵灣區趕過。按粵港澳灣區五萬六千平方公里，舊金山灣區一萬八千平方公里；粵港澳六千七百萬人口，舊金山七百六十萬；粵港澳 GDP 一兆三千萬美元，舊金山八千萬美元；粵港澳人均 GDP 一萬九千美元，舊金山十萬四千美元。目前由於港珠澳大橋通車，珠海至香港由三小時變三十分鐘，三地互通為一小時生活圈。粵港澳已被國際間認為是本世紀經濟最看好的黑馬，將於極短時間內超過日本東京灣和美國紐約灣。此區已成為一帶一路的海上樞紐。又因這大灣區輻射廣闊，地處厚實背景，海陸空交通暢旺，人力、物力、財力集中，發展條件無與倫比，故被稱本世紀最看好的經濟力最強的大黑馬。

用洋人智慧對付洋人

　　在人類思想中，中國頂尖思想太仁慈純厚，歐美自由思想太自私自利且具攻擊性。只有德國智者馬克斯主張公平分配，可與中國文化互補，能讓人類公平正義融合。於是聰明智高的毛澤東便將其理論消化後加以活用，終能一統天下力抗列強。毛澤東與習進平應屬一代偉人，其出現絕非偶然，是大時代磨礪，加上自身深厚學養，真材實料學富五車，博古通今方能成就。習近平繼毛澤東之後，更找到馬克思主義與中國文化揉合互動點，推動馬克斯主義中國化的創新與深化。馬克斯主義指生產力決定生產關係的發展規律，則繼農、工、資訊革命之後，習近平認為當今「乘數效應」、「分享經濟」之重要，指出經濟新常態的動力為互聯網，以大數據手段解決資本主義市場週期性危機，使經濟活動有計畫而不盲目，且獲合理分配。這就是新馬克斯主義活用，也是中國經濟永續大發展理論基礎。據悉，馬克斯哲學來自黑格爾，而黑格爾思想來自中國老莊，故能契合中國適用。

反潛聲納貓將找不到
靜音潛艦老鼠

在海軍裡，常把專監測海下潛艦的反潛聲納，視為眼睛明亮透視水下的怪貓，而將想盡辦法不讓聲納找到的潛艦視為躲來躲去的老鼠。如今在美日聯合布下的反潛聲納陣列大網下，中國大陸已有辦法使常規與核潛艦均能令美日聲納無感，而中國大陸潛艦可在海底任意工作，放心巡航。因潛艦水下噪音包括航行動力、潛艦形體、螺旋槳、排水孔、轉動軸等，因此要使潛艦不被監視到，就必須改良這些地方。歷經多年研究，大陸取得進展，製造潛艦用降噪音材料，如吸音瓦、隔絕沿管道傳輸的振動噪音特殊接頭，這些都是國際嚴密封鎖大陸數十年，迄今不放的產品，現在一律加以改良自製。而大陸自製了更先進的「浮閥式減噪」技術，配合各種高精加工品，可使各類潛艦減噪於九十分貝，核潛艦控制在一百一十分貝左右。因此美日聯合布署的反潛陣列形同廢物，已引起五角大廈的無奈與緊張。試想瞎貓怎能抓到活蹦亂跳的老鼠？

航母殺手彩虹 -T4

　　彩虹 -T4 大型無人機，為太陽能動力設計，能在高空停留幾個月，宛似可指揮調控的活動人造衛星。它能活躍於兩萬公尺以上的高空，其翼展一百三十英尺，速度每小時一百二十五英里，可升高到六萬英尺高空巡航，因此不必飛太遠，就能覆蓋監測大面積地區。美國面對這種「怪物」感到威脅，據五角大廈官員敏感的指出，它能與四十萬英里陸地和水面視距接觸，無論對軍事或科技公司而言，覆蓋如此廣大地域，必然是出色的數據中繼和通訊節點。他直指這是對美國在西太平洋的航母殺手。由彩虹 -T4 提供目標實際訊息，便透過監視雷達、通訊系統組成的光進「殺傷鏈」找到航母或海上艦隻，再用專打航母及各大型軍艦的武器加以擊殺。美軍事家認為即使戰爭中將衛星通訊打毀，但有此無人機，是能立即代替衛星的難纏利器。

山東有海上豪華住宅

　　被稱為五星級豪華希爾敦，CR600 半潛式生活平台，可讓在這兒工作的鑽油人員，每天享受「飯店生活」。這種由大陸山東煙台的中集來福士海洋工程公司自主研究設計的 CR600 半潛式生活平台，凡在其中工作的六百位技術人員，雖整天在大海上，仍如住在豪華的五星大飯店裡。在此生活平台上，設計出長十萬六千零四十五公尺、寬六十八點九公尺、甲板的面積竟有三千五百平方公尺，堪稱寬大，而吃水深度二十公尺，排水量達到三萬七千噸，最大航速能到十二節，足供六百人在裡面生活。其生活區域超過了五星級飯店的居住條件，配有露天籃球場、排球場、健身館、電影院、休閒娛樂設施、閱覽室等，讓海上枯燥的生活多樣化，使工作環境優化。這種平台已製造十二座分別前往挪威北邊、墨西哥等世界各地。由於大陸海上鑽油越來越多，這種舒適的生活平台需要也更多，該公司的訂單源源而來，正供不應求中。

全球獨步的智能漁場

　　中國大陸掌握科技後立刻能以「舉一反三」式把各種
科學廣為應用，一時百行百業紛紛沸騰各有創新。在漁業
上出現的世界上第一個智能漁場，是山東省青島武船重工
業公司製成全自動深海半潛式「智能漁場」，交付挪威用
戶，它將是一百五十萬尾挪威鮭魚位於海中的養殖基地。
所有漁產將銷往中國大陸。這又是新科技創新之一。中挪
簽行一年為養殖期，養大後運往大陸市場銷售。智慧養殖
一切自動化保障、高端營運管理系統，並融入生物學、工
學、電學、電腦、智能化等科技，安裝兩百多個各類感測
器、一百多個水下及水上監控設備、一百多個生物光源，
使原來極複雜的養殖程序簡單化、準確化。挪威接手的是
國際知名的漁業公司索瑪爾。這套設備售價人民幣四億兩
千萬元，挪威市場就要一百套，商機巨大。

火力強大的 055 大型驅逐艦

　　火力強大的萬噸級驅逐艦，是大陸自主設計製造，造價一艘人民幣六十億元，解放軍預計建造十二艘以上。已裝備下水的 055 艦，武器系統亦最新，雷達為相控陣列式，武器則安裝一百二十八顆飛彈垂直發射系統，而美國神盾級最多只能裝九十六顆。055 驅逐艦排水量可達一萬四千噸，相當於美國最新型朱瓦特隱形驅逐艦，但裝載飛彈數量比美艦多很多。此外，055 可作巡弋飛彈載體，故中國軍艦可在世界任何海域向對手發動強烈攻擊，摧毀其腹地或政治中心，即將形成的強大海軍，亦為國家反飛彈系統之一部分，055 驅逐艦的特點是，能在距大陸較遠海域配合國家需要或自主採取必要的行動。所謂艦上創新科技，如電子系統、控制或反潛武器等，055 艦性能及火力已遠超過俄國巡洋艦。

大陸新雷達是戰機剋星

　　在巴黎航展中，大陸的 KLT-7A 雷達引起各國關注。這種機載雷達優化了空戰各種功能，可遠端搜索、測定距離、攻擊多目標，比一般雷達優越。據雷達專家稱，大陸雷達設計製造技術十分先進，有質量輕、功能大的特點，其機載雷達將令敵機難以閃避。目前大陸戰機皆裝有此種雷達，諸如輕型戰機梟龍和殲 -31 戰機，配上 KLT-7A 雷達後，對敵機的探測距離增加兩倍於傳統雷達。KLT-7A 雷達不只梟龍和殲 -31 採用，第三代戰機也可換裝。此一新造雷達是由中國電子科技集團第十四研究所研發，在機載雷達研究製造方面，由於經驗豐富，進一步在材料與電子強度等方面加以創新改進而成。預計更換新型雷達的戰機包括殲 -8、殲 -10、殲 -11、殲 -15 至殲 -20 等，均由中國電子科技集團第十四研究所為適合的機種量身打造貼心雷達。

創世界紀錄的核融合技術

核融合又稱核聚變。大陸科學家的驚人突破，即全超導托卡馬克核融合裝置「東方超環（EAST）」實現了穩定的一百零一點二秒穩態長脈衝高約束等離子體運行，創下了世界紀錄。大陸在二○○七年建立了全球第一個全超導托卡馬克裝置，並在二○一三年升級，以磁場限制等方法，獲取高溫下高參數等離子運行的實驗數據，在核融合技術中，占有重要地位。東方超環是世界上第一個實現穩態高約束模式運行持續時間最長的裝置。而國際上最長只六十秒。中國升級後的裝置是世上唯一能達到持續百秒，中心溫度大於攝氏一億度，如太陽能之發光發熱。現全球中法國、日本、俄國有類似裝置，但中國則主機高十一公尺，直徑八公尺，重四百噸，是世上第一個全超導非圓截面核融合實驗裝置能達到超高溫、超低溫、超大電流、超強磁場、超高真空五個極限。據聞大陸新設核電廠將用新技術、安全亦大大改進。

大陸模式的行動支付領跑全球

　　中國大陸行動支付全球驚艷，成為新四大發明之一，逼使全球跟進。此一新境界已被落後的歐美等先進國家嘆為觀止，不跟進就落伍，且經濟損失無法估計。如今大陸兩家民營公司已滲入全球金融系統，均涵蓋美洲十二國、非洲六國、大洋洲二國、亞洲二十五國、歐洲二十七國，而進入台灣的 PAY 系統已是靠邊站的洋商之一。如今大陸百尺竿頭又高一層，已至「無感支付」，手機都嫌太麻煩而不必用，譬如停車，只要車牌與支付公司綁定，停車會自動識別，其他購物「刷臉」支付，取物就走。面對大陸各種跳躍式創新歐美先進國家一時顯得落後，難怪馬雲選一百位優質生去哈佛，回來他都看不上了，指其腦袋不夠靈活；而美國矽谷訪問團參觀大陸中關村和深圳同業後，表示積極性已落後於中國。然歐洲大學問家深入研究中國，認為中國之有今日，完全歸功政治制度優良、文化基礎深厚，掀起了全國人民「希望在眼前」的積極性，努力就獲回報。自由自在極了。

全世界看好大陸

　　這本書只是介紹今日大陸的鳳毛麟角。其千千萬萬，如天方夜譚似的進步，若非筆者親臨其境，眼見為憑，事實勝於雄辯，方知連美國已經在相比之下落伍矣。目前大陸的城市軟硬體超過台北不說，GDP 超過台灣的正不斷增加，超過韓國的城市也繼續出現，因此韓國專門拍了紀錄片《超級中國》由 KBS 主拍而成。它分別從人口、經濟、外交、軍事、土地、文化、政治等各方面，介紹了中國快速進步與有序發展，並全面分析對南韓和世界帶來的巨大影響。國際的重量級學者認為中國之崛起，已使歐美無法繼續表現優越感。在全世界都目睹大陸飛速進步之時，唯獨近在咫尺的台灣卻完全看不見。現在告訴讀者們，廣東深圳市。當年的小漁村，財政收入合台幣四兆左右，而其高樓大廈，市容已遠超過台北，人口二千四百萬，市長的份量亦可想像，其支配者超過台灣。其他大省就更不用說了。

大陸高鐵平均每年增建 兩千多公里

　　在廣袤大地上，大陸高鐵在短短八年竟穿越難以計數的各種複雜地形，大山大河、凍土、深海，一一快速克服，完成四縱四橫及京滬兩大城市每小時百公里的特殊「專線」。不論南北東西距離一兩千公里，都能一日到達。單就高鐵的覆蓋已是四通八達，世界第一，其里程也過世界總和之半，而各城市間仍加緊建造連結中。據大陸規畫，至二○二○年高鐵將超過三萬公里，而速度均在三百五十公里至四百公里，兩岸高鐵比較台灣相對慢速而顛簸，大陸則車廂豪華、快速平穩、絕不搖晃。大陸高鐵兩年後將由目前四縱四橫擴增至八縱八橫，成為無處不高鐵而傲視全球。如今，高鐵輸出將參與新加坡至馬來西亞三百五十公里高鐵投標等。總之中國大陸高鐵將更大的影響世界。

世界第一大工業國正在形成

　　美國 Fed 聖路易分行助理副行長文一表示，中國將超越美國，成為全球第一工業大國。因為準備充分，並且本身的市場龐大，優勢世界最大。文一認為，西方工業革命之成功來自量化生產和市場規模。如今中國已具備足夠準備條件，能挾帶龐大市場優勢，終將超越美國，成為世界第一工業大國。另據中國大陸經濟學家指出，過去西方學者總誤認中國經濟成長是在強而有力政府壟斷資源的短暫經濟榮景，但事實完全不是如此。中國是不同於西方的深層民主體制，它能使全民利益均霑，與中國來往的國家和地區也無不互利雙贏而能利己利人，因此經貿交易所到之處「無往不利」，顛覆了西方「不正常而自以為是的民主」。西方人不知中國幾千年來文化即強調民主，毛澤東一直要求的就是民主自由，並認為不民主的政權必為人民推翻。試問中國政府如果不是把人民放最重要位置讓人民自由發展，引導人民致富，著重公平分配，十幾億人民會如此信服嗎？

時速四百公里的復興號
拉近了京滬距離

　　大陸高鐵已是全球唯一快速，以兩萬五千公里的路網鋪蓋著中華大地，縮短了各地距離，使一地至另一地，最遠的不過一日行程。且已走出國門，成為國際搶手貨。但大陸科學家並不自滿，每小時一千公里真空列車雖已實驗成功，但由於配套等因素，短時間將無法落實到商業用途。不過在各動車和諧號，已普遍提速為每小時三百五十公里，而新出台的「復興號」於二〇一七年六月開始營運，專跑北京至上海線，兩地一天足可往返，是全世界稱羨的陸上快速交通。至於有了和諧還要研發更快的復興，是因為要適應大陸廣大地域，列車必須適應溫度橫跨正負攝氏四十度的溫差。故車身型態、樣式、容量、乘客舒適度、車體寬度等等，均全面作理想設計，同時為作外銷妥善準備。

理想實用的「救命滑梯」為
高樓求生獲全球大獎

　　大陸湖南大學生范石鐘，在成長過程就醉心研究發
明，經常獲獎，參加各種比賽得過的獎金總計二十多萬元
人民幣，貼補務農的雙親家用，自己大學學費也都出自陸
陸續續參加發明比賽得來的獎金。他所研發的「救命滑
梯」，竟得到全球大獎十二座，成為工業設計異彩。范石
鐘為九十後青年為陝西農村家庭孩子，在大學專攻設計藝
術學，已至研究生階段。他靠著創意設計，加上可行性操
作實驗，在工業設計上終有越來越大的成就。他的救命滑
梯，解決了世界各地高樓逃生問題，先後獲美國 Core77
交通設備設計類大獎、紅頂獎、IF 獎、亞洲設計大獎、義
大利 A 設計獎、金點獎等共十二項全球性大獎。另在富比
士發布的「中國最具發展潛力設計師」榜單中，范石鐘是
唯一學生代表。范石鐘的這項設計，結合了起重機、雲
梯、航太隔熱塗料及阻擋濃煙等安全防護配套知識，並能
加以利用。豐富的智識、靈敏的頭腦、高超的智力與源源
湧現的想像力，使他以發明創新為樂。

美國科技專家折服於大陸
創新能力

在上海電子展中，美國消費技術協會總裁兼執行官蓋瑞·夏培羅說，美國以往擅長從零到一，也就是從無到有；而中國擅長從零到 N，即發展至無窮。然而今日中國已能從零到 N 創新無限。蓋瑞·夏培羅是參觀上海電子展有感而發，他親眼見到許多創新、研發成果及青年科學家的積極性，頗為震驚。在展覽會場，見到無人機無需遙控器，直接用手勢操作，是為自拍設計，續航時間十六分鐘，上配有紅外線 3D 動作感應器，能辨識手勢動作，可在人類上下方圓三公尺內範圍手勢操作，並有「一鍵短片」功能。除自拍外製作短片當亦方便。遠距離則可用手機或搖器操作，萬一遇到斷訊、電量不足或收到返航指令時，它會自動飛回用戶設置的返航點，並能在途中感知障礙物，自主判斷當前區域是否適於降落，以保障其機的安全。夏培羅在現場觀看，讚賞不已。

像貼心小狗的行李箱

　　在上海 CES 展覽會上，有一搶眼的「機器人行李箱」，它能辨識主人，自動避開障礙物，緊跟主人身旁亦步亦趨，絕不亂跑。有了這個智慧行李箱，不再用手提或手拖，真令人心情輕鬆愉快。這是大陸酷哇機器人公司新產品，名為「RI 機器人行李箱」，為世界首創，即將量產上市向國內外銷售。該公司創始人劉力源說，這行李箱是立基於「低速無人駕駛理論」延伸出的靈感結晶。劉力源說，機器人行李箱的跟隨能力，是利用雷射打到行李箱主人身上，再利用行李箱上深度視覺傳感照相機，來識別雷射覆蓋範圍的特徵點，因此就能識別跟隨的主人，且能自主避障而不會跟丟。該箱也採用飛機起落架原理，可讓使用者在「自動跟隨樣式」與「手動模式」間瞬間切換。若是萬一跟錯主人時，主人手上的智慧手環會立刻示警。

中國南海礁變島

　　在中國擁有主權的南海海域，大小島礁頗多，因南海除海產外，海底物產豐富，引起美國眼紅，於是歐巴馬就以從返亞洲，設法挑起亞洲亂局，唆使大陸左鄰右舍一起撿南海利益，美國便可混水摸魚，找到插手取利機會，同時又能遏制中國快速崛起。殊不知事與願違，在大陸睦鄰讓利，和平共贏的外交實事求是，快速落實政策無欺下，首先菲律賓不受美國利用，接受大陸真誠善意，獲得大利。接著越南跟進，於是周邊各國紛求和平，以經貿發展，改善國內經濟為重，不接受美國萬里而至的惡意挑撥。然川普上台仍心念中國的南海，卻萬想不到就在歐巴馬與川普前後交相鬼計之際，「中國速度」發揮力量，島礁化為島，有三處完成機庫建設，可容三大戰機群及防空導彈、防炮等，全部軍事化部署完成。剎那間美國搗蛋美夢破碎。

領先全球的數學家

　　台大著名數學教授葛文卓博士在大陸改革開放後，便到祖籍所在地安徽，並與安徽大學作專業交流，又不斷和其他大學訪談。每次返台後與筆者見面，就讚歎大陸數學水準之高，教材創新，堪稱領先世界，認為在科技上必有源源不絕的成就。今見英國教育家研究中國教學方法，不但立即向大陸聘師資，並指定採用中國數學教材。證實了葛博士看法不虛。原來英國教育家稱，如不用中國數學教材，將來在科技上就無法與中國競爭。談到數學，近日媒體就報導大陸數學家陳景潤領先全世界，解決了全球頂尖數學家無法解開之難題。雖於一九九七年過世，他的鑽研精神與要為祖國推升科學的愛國情操令人佩服，政府甚至將他的故事拍成舞台劇。無怪乎台灣前中研院長吳大猷在改革開放後曾去北京，返台後對記者表示大陸科學基礎教育超過台灣，特別是科學家，無一人重視名利和享受，心中只有愛國、強國，努力只為此。吳大猷認為這是不可思議的，更是值得尊敬的情操。

東風 -41 可讓暴躁的美國安靜

　　各國軍事家近年談到導彈均特別注意東風 -41。據稱它是大陸最厲害的洲際彈導飛彈，能攜帶多彈頭，十枚分導式智慧型（各自找目標），及末端突防能力，且反應時間短，機動性特強，故有飛彈之王稱呼。其射程一萬四千公里可有效覆蓋全球，自然包含美國全境，尤能裝載核彈頭，可直接消除美國任何核威脅。東風 -41 對美國如欲施行核報復，可在大陸任何地方發射均可投射到美國全境。東風 -41 還可越過西伯利亞，從北極直搗嗜血的美國。如今已證實東風 -41 一年前已在美國強行於南韓布置「薩德」後，儘管大陸「天使之杖」已能令其功效全失，唯仍將東風 -41 首次部署在地形複雜，靠近俄羅斯與北韓之地，受到兩國樂見，因為它正「劍指」暴力無邊，對和平世界常掀起「無風三尺浪」以便從中取利的假仁慈的美國，有警告意味。

全球有兩億多漢語學生
教師不足

　　在中國大陸快速崛起，經濟力覆蓋全球，各國為了與大陸商貿、吸引花錢最爽的大量中國觀光客，因此必須儘快學會中文，於是「漢語熱」傳遍全球，初步估計各地急著學漢語者已超過兩億人。而近年向大陸聘請出去的教師已近五萬人，然遠遠不足，即便目前大陸有專責機構「國家漢辦」，培訓海外志工教師，但仍嫌不足。估計全球尚缺漢語教師五六百萬人。現在在世界各地開設漢語班教學，各國也主動開設漢語專班，而各第三世界國家更以「漢語可致富」大力推行，早已在各地設立傳揚中華文化的「孔子學院」，亦成學習漢語「發電中心」，世界各地已超過五百所，仍在擴增中。孔子學院以推展中華優良文化為宗旨，希望仁愛互助、崇尚和平去除暴戾之氣，避免弱肉強食野蠻人生，追求「人類共同體」高尚情操，走向大同世界境界。故學漢語除了經濟利益外，在文化上雨露均霑，得以讓人變化氣質，則才是最好的收穫。

比子彈快十倍的紅旗 -9

紅旗 9 是大陸研發的防空飛彈，它的製造集合了航太等各類相關科學家的設計，故成果輝煌。它是可在大氣中精準攔截的防禦飛彈，其導引、發動機、控制與靈活性等改進，均有全新檢討後的新型設計。終成功製成紅旗 9 防空飛彈，能在數萬公尺高空，精確迎擊比子彈快十倍的目標。在當今世界上只有俄國、美國、日本和以色列有飛彈防禦系統。在實彈測試中，中國的紅旗系列均能百發百中，且和各國一樣有戰術與戰略、長程等分類。唯在銷售競爭中，不論哪一級別，如射十發必全中目標，準確度超過美俄。目前美國有愛國者系列、新盾系統、箭式飛彈攔截系統、安泰 -2500 飛彈攔截系統；俄國有 S-300、S-400 等。紅旗系列為中國大陸自一九六五年發展出的系統，分中長程、中高、近及超低空火力範圍等，成為密集攔截網。難怪五〇年代，美國令台灣以 U2 機飛行大陸情搜，皆有去無回，被防空飛彈打下，犧牲不少飛行員，少有倖免者。

自主造航母已至第三艘

　　大陸造船廠據了解共有數十個，其中有能力製造航母的也有兩三個。二〇一七年四月美國專家稱，根據獲得的資料，估計中國大陸自製第三艘航母應正在大連建造中，而第二艘在上海造的應已接近完工。由於 001A 航母完成海試，而從照片看，大連造船廠船塢內出現航母分段，這應是繼上海江南造船廠後上海製造為 002A，故 003A 即正在大連製造中。研判這是自製第三艘，即第四艘應也已在設計製造了。國際航母專家認為，大陸 001A 為六萬噸，002A 應為十一萬噸。往後將因技術純熟，設計迅速，加上「中國速度」雖不能說像下餃子般形容造航母，但其速度必然也會令世界驚奇。單以 001A 製造只花三年多不滿四年而言，002A 亦應在五年左右竣工下水。如此 003A 自然會正在趕造，十年後大陸預計將擁有六航母的理想當能實現。成為航母群，更能保障海上航運暢旺。

可滿足百年能源需求的可燃冰
全球首個開採成功

　　中國大陸集中相關科學家，針對大陸蘊藏量最大的清潔能源可燃冰的開採，積極研究攻關。就在歐美和日本均在設法開發未有突破時，大陸二○一七年五月已在含量最大的南海成功開採，最遲二○三○年量產供商業用。據探測，可燃冰在地球上，以中國海底最多，其使用好處是能完全燃燒，如提供車用，排氣將無汙染。甲烷含量百分之九十九點五的天然氣，不像原油及油頁岩，製成汽油或油氣成本均大於可燃冰。另據科學家檢測證實，地球上的可燃冰比石油含量多，以現在大陸用量，最少可充分使用一千年。據稱，大陸科學家用降壓法，將分散在類似海綿空隙中分散的可燃冰抽出，技術領先歐、美、日各國，並已能進入大量開採，直入商業用途階段。

中國將成「日不落國」

　　從近代史觀之，英國崛起後，和西方各國無異，皆以其船堅炮利，展開弱肉強食，抓緊時間巧取豪奪，尤有甚者，竟向中國強推毒品，終造成八國聯軍歷史慘劇。同時更仗著武器優良，戰艦威力，向全球逞強，終成「日不落國」血腥旗幟插滿各被征服地。並以此炫耀。然和平崛起的中國則講求仁愛互助，利己利人，乃能廣受各國歡迎，致全球最主要的貨櫃碼頭，約三分之二有中資在內。並積極建立北極海第三條藍色通道，直穿歐洲核心，將成為新的黃金水道。目前世界航運市場百分之十九運往中國，百分之二十二出口貨櫃也出自中國，而中國的對外出口，有百分之九十從海上運往世界各地。一帶一路海上藍色通道有三條，從印度洋、非洲、地中海、大洋洲、南太平洋、北冰洋至歐洲，又簽下俄國巴倫友海四島（人工造）助油氣輸運，並打通北極海軍事陣地，更收購了全球四十個良港。其掌握住全球海上通道，而各港口亦可停靠軍艦，「日不落」的中國主張「世界共同體」。

世界貨櫃中心已悄然移至中國

　　中國一萬八千公里的海岸線上，有三十四個億噸級大港，有超過一千九百艘乾散貨船，總值約兩百五十七億美元，是全球第三大船東國。最新全球港口貨櫃吞吐量排名，前十名中國占七名，幾乎通吃包辦，已成世界貨櫃中心。二〇一六年上海已排名世界十大貨櫃吞吐量排名第一。國內依序為深圳、舟山、香港、廣州、青島、天津。第二名為新加坡、第六名為韓國釜山、第九名為杜拜等屬外國。而上海港口四期工程更驚艷世界，是世界唯一全自動化碼頭，全由機器人操作，上下船快又準又經濟，工作快速無須休息，是全世界船長最喜愛的港口，下貨裝船定時完成分秒不差。貨物拽下後立即裝車，貨櫃車便立即依衛星導航送至廠商處。另青島往南各大碼頭均在改建智慧碼頭中，並打造東北亞油輪配送基地，則商機無限。但此規畫卻似將影響日本有關郵輪服務生意。

只有中國技術能建的輕軌列車

　　近兩年前大陸為哈薩克首都完成了一條二十二公里的輕軌路，配有車廂十九個，時速八十公里，為全自動無人駕駛。由於哈薩克地廣人稀，面積兩百七十二萬四十九平方公里，有七十五個多台灣那麼大，而人口只有一千五百萬，首都阿斯塔納人口亦少，約在九十萬上下。然其礦產豐富，有銅、鉛、鋅、鎢、鉻、石油等，農產有小麥、甜菜，畜產有羊毛。有理想的滑雪場，境內有著名的拜科努爾宇宙飛船發射中心。其委由中國大陸設計建造的輕軌現代化列車，工程難度高，施工要能適應攝氏零下五十度低溫，因為比一般工程差異太大，故施工唯中國工程隊莫屬。大陸自主研發的特殊鋼是適應各種氣候獨特材料。這項輕軌可通機場、火車站兩大樞紐，也是中亞地區首條全部採用大陸標準的軌道交通的案例，更將配合一帶一路共同發展。

長年酷寒的極點科考站

在生物難以生存的南極七十八緯度，近極點處，中國大陸科學家設計建造的第五座最難克服的複雜地形上的據點，即將完成，這將使中國大陸臻於南極強國。過去已順利完建成四個科考站，而第五科考站，選定天候極度惡劣的羅斯海地區的「難言島」，預計二〇二二年竣工使用。南極面積一千三百八十多萬平方公里，目前大陸已設的四個科考站分別是長城、中山、泰山、崑崙等，而第五座科考站選在南極極點最近處，具特殊價值，是更適合開展南極生態監測、高空物理、地質、地球物理等科學研究的最佳位置。南極冰蓋最高點的冰穹A地區，匯聚了冰芯科學、大氣科學等的前沿領域。由於該地將對科考工作意義重大，乃毅然決定在最難建設之地強行建築，不畏任何困難。將建成此「常年酷寒站」。回顧一九八五年第一個長城站之設立，迄今已至第五個站，涵蓋了空基、岸基、船基、海基、冰基、海床基的國家觀測網，及「一船四站基地」的南極考察保障平台。

學生基礎教育中國大陸
將贏過全世界

　　儘管英國教育家看出中國大陸對青少年教育勝過歐美，數學教材必須引入該國，並提醒英國孩子家長，未來孩子的競爭對手必是中國人。然而如果歐美教育仍侷限在達爾文的叢林理論中，孕育出的人民，必脫不了物競天擇、自私自利，排他性和鬥爭性。二十一世紀的人類已不適合極具獸性、極原始的格局。中國大陸突然崛起，快速掌握西洋賴以獨霸欺凌弱小、巧取豪奪的科技，並一改崛起便侵犯他國的低階模式，專走扶助弱小之路，與各國為善崇尚仁愛互助，即所謂「獨樂樂不如眾樂樂」、「人溺己溺」，凡事講求利己必利人，倡議「世界共同體」，向人類一家親，世界大同目標邁進，這種孔孟哲學偉大傳承，使教育出真正異於禽獸的高等動物，是任何西洋文化無法比擬的。中國大陸正以「己立立人」的精神透過設立孔子學院教化人類脫離衣冠禽獸框架走上泛愛眾，和諧而非互鬥，更不能殘殺的正確人生觀，否則再好聽的語言終究蓋不住獸性的面目。

大陸教師驚醒英國教育界

　　據一位居住美國的華僑敘述，他看見電視畫面，英國教育首長率領專家一行到中國考察（因中國的中小學教學榮獲世界第一）。回國後他們向中國聘請老師赴英，與英國老師各教同樣年級班級各一班，兩班課文相同，中國老師均精通英語交談，授課及管教無礙。當初由中國教師授課的班級，家長頗有不滿，但經過一段時間後，測驗比較發現高低立見；由中國老師教的學生個個功課好，品型端正，活潑而喜助人，一時各家長無不欣喜。據英國教育家們向各家長稱：「我們的孩子將來的競爭對手就是中國人，因此我們必須要學中國優良的教育方法。這樣比較，讓大家知道我們落後的實情……」由這一最近聽聞的故事，我們對英國青少年教育實是求是的精神和遠見表示佩服。

維護個人安全的「刷臉」

在大陸科技快速應用的今天，舉凡搭車、登機、宿舍進出，或上公廁免費用手紙、大學新生報到等，皆透過「刷臉」，即把臉朝攝像頭看一眼就「登記」，或「辨認」了。且刷臉辨識技術也應用在 ATM 取現金和核實線上支付，又快又準確。刷臉不止節省人力，效率也高，如上火車只需三秒便可通關。過去手機只要帶在身上就可不帶一分錢輕鬆外出搭車、購物、餐飲，令外國來中國大陸旅遊者稱羨。如今又進步了，這對不太擅長使用手機的長輩更感方便大樂，就是「刷臉」解決出外遇到的各類問題。洋人們讚歎中國進步之快，無法追趕。據稱刷臉比手機更快，更安全，消費者和商家皆大歡喜，商貿交易更盛。預計「刷臉」很快鋪滿大陸，成為二十一世紀另一大風景。

大陸與各大城市各種通訊
均不被駭客侵入

　　這種世界獨有的量子通訊，無虞被竊聽。因為量子通訊時不但任何入侵方式皆無能為力，且會立刻被發現，並查知何方入侵。此一領先世界的科技，是突破高速量子密鑰分發、高速高效率單光子探測、可信中繼傳輸和大規模量子網路管控等關鍵技術，使由北京與各城市地區，或各軍；以及他們之間任何通訊，第三者完全無法竊聽，且萬一有企圖竊聽者，必馬上會被發現。因任何對量子系統的測量都會產生干擾，透過量子疊加態或纏結態，來傳輸資訊，通訊系統很快知道是否有人竊聽。據稱量子通訊大陸將推廣至個人，其商機亦無限。另外上海交通大學海水量子通訊亦告初步實驗成功。

高科技武器不斷創新

　　與國軍將領談戰爭，顛覆了一般百姓的想法。即任何地方一旦發生戰爭，最遭殃的一定是人民。然當了解戰爭實況後，才知任何戰爭都是軍人之間的攻擊為主。只有美國打鈔票消耗戰「狂轟濫炸」多傷及無辜百姓。而今據香港《亞洲週刊》報導，大陸新武器中又有一種「航空布撒武器」，可在極短時間內使敵人陸空癱瘓。不需一兵一卒上火線，只用重型轟炸機或大型無人機，自遠端五百公里或一千公里外，投放至敵對機場、陸軍車輛出入及必經之路，便可迅速炸成一個個大洞，而間或又炸起如小山的大土堆鼓起，使車輛和戰車受阻，飛機難起飛或已起飛就無法降落。所謂航空布撒武器，又稱天雷高空制導武器，有導引遠端投放精準打擊效果，也是極節省最便宜具威力的特殊武器。

讓文物活起來的博物館

　　中國大陸的博物館，其展覽方式因注入 AI 而讓文物「活」起來。同時開通了數位功能，遊客可對藏品掃描閱讀，仔細深層了解。在互聯網創新融合館藏物件，用最新科技成果助推文物數位化建設，使文物以多元化方式呈現在大眾面前。目前大陸各地博物館數位化已近一千五百家，且正不斷增加中，方便人民隨時上網瀏覽。這種新科技融合各類文物，與針對文物的解說，可使人們迅速完整了解古今與世界各國相關知識，提高觀看興趣，看懂世界各國。又如蘊含文化與市場價值的國寶等，透過動畫、短片會令年輕人、青少年愛看，無形中孕育出文化素養和寬闊胸懷，與全球視野，使博物館功能全方位發揮。

第一個民營火箭升空

　　被譏為做白日夢的「重慶兩江之星」團隊，於二〇一八年五月十七日七時三十三分，在西北一處基地將火箭點火升空，完成首飛實驗。證明這批火箭科技專家經三年努力便見成果，對今後研發更具理想。這次發射的稱為OS-X火箭系列，是大陸民營企業「零壹空間」自主研發製造，從團隊創建到火箭升空，實際過程尚不到三年。此次火箭發射的衛星，控制在每公斤一萬美元左右，比目前國際普遍報價每公斤三至五萬美元便宜頗多。「重慶兩江之星」火箭長九公尺，採用自研的固體燃料，作為發動機燃料，屬於商用亞軌道火箭，填補大陸在航太飛行試驗專業助推火箭的空白。這次火箭首發成功，讓大陸航太領域出現國家隊與民營團隊並存互補研發前進局面，將使國家航太事業加速推進，共創佳績。

低溫氣象站成功設立

　　名為「中國氣象科學研究院極地氣象研究室」的機構，經過八年自主研究，終建成超低溫自動氣象站，並成功在南極設立，為繼美國及澳洲後，第三個能在南極超低溫地區開展連續自動氣象觀測的國家。氣科院極地研究人員說，南極大地以大風和酷寒聞名，其最低氣溫可達攝氏零下八十九點二度，風速可到每秒一百公尺，是著名的人類不可接近之地，故很多高科技物品因溫度太低而無法運行，加上南極每年有半年「永夜」（黑天）影響，進行自動觀測十分困難。在此之前，只有極少數國家能做到南極天氣現象的長期自動持續觀測，大陸也採用國際合作方式共同取得寶貴資料的資格，相互交換心得，進一步深入科研。氣科院目前以全新抗低溫儀器正常運行於超低溫氣候中，並研究超低溫電池、能源控制系統、風速儀等各種設備以及軟體。此外亦作野外實驗。已在南極最高的海拔四千零九十三公尺處，組裝完成了新一代超低溫氣象站，展開各項科研工作。

太空與氣象結合創氣象探測新科技

　　在航太和無人機方面已達到技術領先的中國大陸，最近將兩種科學家結合研究，終成功用無人機，至八千公尺高空投放探空儀。這一高空長航時無人機下投探空系統技術方案，通過專家評審，這系統能裝載在飛行高度一萬兩千公尺、航程六小時的高空無人機上，下投探空儀。此次投放，制定了飛機下投探空系統和下投彈射裝置設計及相關技術方案。此系統計有下投探空儀、探空接收機、投放裝置等。無人機採用「雲影」牌巨型機，可在兩側機翼吊艙放掛四十八枚探空儀，直接觀測氣象變化。唯無人機工作，難度及複雜度高，學科交叉多，挑戰性大，可見大陸無人機質量在世界處領先地位。此次用無人機配合科研，將氣象要素值由高空傳到地面監控室，同樣對颱風探測、生態監測、人工造影作業和收集惡劣天氣氣象資料，提供最尖端技術支援。其保證系統可在攝氏零下九十度氣溫範圍內可靠、穩定的照常工作，成為世上獨創。

大陸製出全球唯一智慧軌道
列車亦可無人駕駛

　　全球第一條智慧軌道快運系統，二〇一八年五月八日在湖南省株洲市開始為期三個月驗證試車。據中華株洲電力機車研究所公司稱，這套系統已具備商業化營運能力。除株洲外年內還將開通六個城市智軌路線。當智軌消息傳開各國紛紛派員參觀。目前株洲智軌為三公里，此軌道之線間距離、站台距離、曲線半徑等均作妥善制訂，將和公車、VRT 對接融合，甚至和磁浮車站換乘。每輛車現設計三百人乘坐，分三組車廂，每車廂可坐百人，乘客多時還可加掛車廂。智軌列車到路口會自動調整信號燈。特別的是智軌列車全線不需鋼軌，只在地下鋪管線，由光纖傳輸信號，直接利用城市道路，在道路上畫標線，車輛即依線行駛。自然也可設計為無人駕駛形態。這無疑是世上最經濟實用又安全的交通工具，為城市中理想的車種。

台商旺旺食品加工技術新品質佳獲品牌價值冠軍

　　近年海峽兩岸均曾發生食品衛生及品質不良問題，特別是中國大陸，人口世上最多，需要各類食品量大。而在品質方面要求日益嚴格。「二○一八中國品牌價值評價信息發布」系列活動中，台商旺旺集團憑藉良好品牌形象和信譽，獲選「中國食品加工業品牌價值第一名」。這在大陸眾多食品加工業，包括無數外商同業間亦屬不易。大陸是為了提高食品衛生、營養、特舉辦此項活動。旺旺集團研發的全球首創無菌包裝冰淇淋「凍痴」、女性雞尾酒「莎娃」、蕎麥含量五成以上的「哎呦蕎麥麵」等，均屬技術創新的獨特食品，成為響亮的「中國品牌」之一。該集團自早期在大陸發展後首先即重視品牌與信譽，終受廣大人民喜愛，多年來企業不斷更新設備，開發新產品，更能從我國殷實商賈文化深入發掘中華文化及仁愛精神，受到大陸國務院讚美的台商。其無菌包裝成為中國特殊品牌之一。

大陸協助巴西解決遠程電力輸送問題

　　中國大陸在毛澤東「人多好辦事」的倡議下，如今不但人多，而人民也在「讀書致富」觀念驅使下，教育普及，人才大量出現，西洋科技均很快追上，且不斷創新、驚世，成果貢獻世界各國。經了解，世界上只有中國獨創出八百千伏／五千兆瓦特高壓柔性直流輸電換流閥，在這些特高壓重大成套裝備中，有二十多種首套設備，都是獨創世界第一，向各國輸出。原在巴西北部所發大量的電，卻一直無法輸送到南方，因距離達三千公里。據巴西電力專家認為，全球電力能源發展，中國應屬領先世界，故必須求助於中國，最終解決了遠程輸電問題。目前大陸有運行電壓最高、輸送能力最強，並編制相關國際標準的技術，領先歐美，其特高壓交、直流輸變電工程亦掌握獨特核心技術。特高壓輸電之損耗低、占地省、安全輸送達數千公里，當今世界無出中國之右者。

大陸研究成功用草代替橡樹生產橡膠

　　橡樹一直是橡膠生產主要來源，由於全球需求量越來越大，靠橡膠樹已遠遠不足，而中國大陸用量為全球需求量的百分之三十三點九，而美國占百分之十、印度百分之五，各國均逐年增加中。中國大陸植物科學家乃把腦筋動到可大量生產的「橡膠草」上面。這種草早年曾被發現，又名俄羅斯蒲公英，根部可合成高分子量的天然橡膠與菊糖，具有生長範圍廣、天然含橡膠量高、生長周期短、基因組相對簡單、遺傳轉化與基因編輯較容易等特點，是最佳橡樹替代植物。大陸三年前成立「蒲公英橡膠產業技術創新戰略聯盟」，集中有關科學家，找出基因相關特徵等極複雜的數據，以便在大量種植及代代遺傳栽植均能有效保障多產和標準品質。以往大陸每年進口百分之八十的橡膠，主要來自巴西，但進貨很不穩定。研究以草代樹後，需要量與成本將可自主控制，並可嘉惠農民或外銷。

突破歐美重重封鎖
中國大陸研製成單晶葉片

　　這種「單晶葉片」是利用超級金屬錸製成。據了解，由成都航宇超合金技術公司，突破各先進國嚴密封鎖，自主研發出單晶葉片，目前已量產。二〇一〇年該公司在陝西省測得錸礦，儲量一千七百六十噸，占全球儲量百分之七，僅次於智利、美國、俄羅斯，價格正隨需要量不斷增加而上升，但仍然供不應求，而美國已控制全球市場的壟斷地位。因錸可廣泛用於噴射發動機、火箭發動機，故全球約百分之八十的錸用於生產航空發動機，極具軍事戰略重要意義。為了抑制中國科技發展，以美國為首的西方國家，一直在技術、原材料方面實施層層封鎖，英國航空發動機巨頭勞斯萊斯，雖在中國設廠，但其核心技術設防嚴密。因此，成都航宇超合金技術公司不畏艱辛研發成的單晶葉片，通過國際權威第三方驗證合格，成為重大突破。

科學技術領先世界的量子通訊

一種人類無法破譯的通訊技術，中國大陸宣布研發成功。這將令任何駭客高手無法竊取到想要的通訊資料。同時大陸發射了「墨子號」實驗衛星，使此科研成果覆蓋全球領跑世界。量子通訊內容為量子金鑰分發（保密通訊）、量子隱形傳態等技術，可以完全對通訊保障安全，且一旦有駭客入侵，還會立刻發現，暴露駭客形跡。按專家林瑞益的解釋，「量子通訊」指利用量子糾纏效應（或稱量子纏結，是一種量子力學現象）進行資訊傳遞的一種新型通訊方式，量子通訊是近二十年發展起來的新型交叉科學，為量子論和資訊理論結合的新研究領域，量子通訊主要涉及量子密碼通訊、量子遠端傳態、稱量子密集編碼等，透過此方式加密傳輸，可保資訊安全無虞，而萬無一失。

大陸有五千公里地下長城

　　在地下一千公尺深處，有五千多公里的寬大隧道，軍車可每小時百公里速度行駛。據了解，被稱為地下長城的藏核處，是毛澤東時代（一九五〇年）便著手於華中至華北大山區開挖迄今，故其核彈報復能力強大，使對大陸具野心的邪惡國家投鼠忌器。它指為大陸火箭軍最隱密的偽裝，因美國最先進的偵察衛星對大陸核彈情形完全失效，五千餘公里的廣大覆蓋面，分布多少發射洲際導彈口，也無能偵知。另據最新報導，這項核反擊工程尚在二十多個省地下及山區以最新科技進行中，故五千餘公里可能是最保守估計。從外國媒體最近報導，有證據顯示從西藏到福建的地下高速公路已完成，核彈「發射井」亦必遍布其最有利位置。中央擁有核彈後便對外宣布絕不先使用，只作報復之用，所以地下長城就為保證報復成功預留條件。

美國防空飛彈競賽輸給中國

　　二〇一七年八月一日解放軍陸軍承辦「晴空」防空飛彈競賽，參加的國家有俄羅斯、烏茲別克、埃及、伊朗、委內瑞拉與中國。比賽地點選在新疆天山山下，分多能賽和綜合賽。參賽隊伍在九點五公里閉合賽道上，通過車轍橋、涉水場、反坦克戰壕、限界八字形路、土嶺等障礙，在指定的五個戰點上使用飛彈射擊目標。大陸代表隊用「晴空」飛彈標靶全中靶心，證明性能優於其他參賽國使用的各制式的防空飛彈。此項比賽每隊共員額十八人，均分成兩組，一為主賽車組，一為備賽車組，上場順序由抽籤式決定。各國參賽飛彈性能參差不同，也有採用向美國購買的「刺針」飛彈，經各國依事實處理，獲得總冠軍的是中國隊。推出的前衛 -2，證明性能優於研發至今已十五年歷史的美國刺針防空飛彈，因此前衛 -2 在兵器市場上必成熱賣品。

每天快遞一億件規模為
世界之冠

　　中國大陸人口眾多，生活現代化加速普及，網路科技發達，人民生活便利。一應商品需求，皆可坐在家裡滿足需要，透過手機或電腦購買，快遞便兼程送到家來。在城市生活甚至不必去市場買菜，水果蔬菜照樣快遞到家。在一千公里以下快件，有百分之八十四點六二能在四十八小時內送到。不僅境內，跨境物流的時效和成本也在持續優化降低中。以西班牙為例，過去包裹投遞時效平均二十六天，現在縮短到平均十四天。如今海外倉不斷開通，貨物到口岸後可七十二小時完成簽收。目前國內快遞網上已普及農村，連煙台櫻桃、百色的芒果、松原查幹的肥美湖魚等特色農產品等，均可通過快遞之冷鏈運輸而將鮮魚、蔬果快遞到家。現在每年農村收、投快遞超過八十億件，農產品外銷超過一千億人民幣。因此各地農民富裕了，農村生產不愁出路，自有快遞業催促增產賺錢。

物流機器人倉庫運量高於傳統一倍

　　由阿里巴巴關聯企業菜鳥網路打造的智慧機器人倉庫，位於廣東惠陽。內有百餘台 AGV 搬運機器人，它們會自動、合作、或獨立的完成訂單的集貨任務。這些機器人每台能負荷一千公斤重量，收到集貨員指令後，便到出貨商品的貨架下，把整個貨架拉到操作員面前。從此倉庫機器人規模為全大陸最大的，也是全球僅見的。據這方面專家指出，想要同時調動百台以上機器人，並非易事，要防止機器人互撞、塞車等情況，合理的將工作任務分配到每個機器人身上，始能發揮最大功效。在相同的七點五小時之內，集貨員走兩萬七千九百二十四步，集貨一千五百件，已屬人類極限，而機器人只走兩千五百六十三步，卻能集貨三千件也不會疲累。目前大陸正在各倉庫地建設機器人倉庫中，預期大幅降低成本與時間。

中國教育方法和教材
最大特色是永不滿足

　　由於教育攸關國家民族興衰，進步與墮落關係重大，故大陸當局對人民教育極端重視。除新科學外，並不忘灌輸敦厚純樸誠信的中華文化。在教材受到國際重視與學習後，北京有關當局並不自滿，繼續不斷創新、改革，以期進步再進步。記得三十年前筆者與世新校長張凱元博士，同至大陸自由行，至北京社科院新聞研究所、上海復旦大學交流，並到廣東梅縣焦嶺參觀當地東山中學，發現各教員暑假仍在學校研究一年一度的教學改進創新的論文。返台與朋友談起均難相信。根據筆者孫女在大陸國小二年級讀書，單以國文科而言，她能背唐詩五言絕句、七言絕句，讀四書、五經，書法、英文則自幼兒園時開始學，學校重視學生團體生活、互助互愛、重品德教育等，在教學技術上有良好的教育系統，且在師資、教材上不斷改進，其優良成績正逐漸顯現。如此優質的教育方式與成果，自然能受到國際肯定。

英國決定採用大陸國小數學教本

多年前台大著名教授葛文卓博士到大陸交流後，曾對筆者說，當今世界上數學課本編得最好的，只有中國大陸，這將對科學研究有較大貢獻。二〇一七年筆者去上海旅遊，從媒體見英國派老師到上海「調研」中、小學教學，尤特別針對數學深入研習，又在上海禮聘三百位教師去英國。記者訪問英國教育官員為何急於學習中國數學，答稱現在不學將來在科技上一定落後云云。今見英國已將一套三十六冊教科書譯成英文，被稱「真實上海數學」，同時發現阿拉伯聯合大公國、肯亞、馬來西亞等國均擬把「中國掌握模式」引進學習。過去全球多採用西方教學課本，唯自中國大陸崛起，特別在科技研發上表現不凡，不斷有驚人之舉，才逐漸改變。經研究發現，鄧小平復出第一件大事就是關心教育，因此改革開放後才有源源湧現的人才。台大數學名教授葛文卓指大陸教材好，連先進的英國都發現了，並積極採用，絕非偶然。

超強超輕的
「奈米陶瓷鋁合金」研製成功

在製出超強鋼後，中國大陸科學家又製成強度超過「太空金屬」的新材料「奈米陶瓷鋁合金」。它比鋼鐵硬很多、質輕、具韌性、不易斷裂變形，經測驗證明它能「四兩撥千金」。預計這種新材料將是太空金屬替代品，因質輕則更節能。此外也可用在飛機、船艦、汽車等，或是各種建築上，用途將非常廣。此項發明由上海交通大學材料科學院王浩偉教授領導的科研團隊研製出。王教授研製成功，完全不照各國研究模式，因他們迄今未突破，他用自己設計的「無中生有」方法，讓陶瓷從鋁中「長」出來，再用最細微的奈米技術，徹底把陶瓷硬過鋼的屬性，滲入鋁中，便生成了渾然一體的罕見新材料。它將大大掀起世上使用鋼材的革命，而加以代替，硬度、輕度、耐用度均為之提升，可謂商機無窮，更嘉惠交通安全。另外，在金屬疲勞的問題上亦大改進。

專攻擊航母的無人機

　　中國在無人機領域不斷突破，現又研發出可以貼著海面只半公尺高，雷達無法偵測，且能載重一千公斤，攜帶威力強大的武器，這個中國大陸研發的新型專門攻擊航空母艦，是任何航母難防的「殺手」。這種掠海無人機，足可防衛東亞海域，和鄰近的太平洋一帶，補充了區域海軍戰略，有效阻止美國海軍和其相關盟國在第一島鏈的行動。美國軍事家認為，中國已有無人機群飛行技術，或飛彈、無人機混合體等編組。另據俄羅斯透過網路發現，大陸已有載重三千公斤的無人機。最近由於中國無人機外銷暢旺，美國陸軍使用正服役的無人機中有三百多架為中國製造。為了安全，美國軍方正下令禁用這些中國造的無人機。

高速公路埋熱棒過凍土

　　中國土木及建築工程被世界讚為頂尖一流，是因為他們能夠克服各種困難環境，保證質量快速完成。全長六百三十四點八公里堪稱世界上最難建的高速公路，經過七年辛苦施工，終於在二〇一七年七月完工通車，從青海省共和至西藏玉樹，車程由原來的十二小時縮短至八小時。是世界首條穿越高海拔、凍土區的高速公路，其中兩百二十七公里為長年凍土區，占公路全長百分之三十六。由於此高速公路必經險惡地勢，要採用各種特殊施工技術，投入了人民幣兩百六十九點六億元，由大陸中鐵十二局集團電化公司承建。開工後工程人員要克服高山缺氧的難題，並透過優化施工方案，搶進度，其工程平均海拔在四千公尺以上。凍土則隨季節膨脹變形，因此乃設計在公路兩旁埋設獨創的「熱棒」保持恆溫。如今這條「不可能的任務」完成通車，創造了高海拔、地形複雜，外加凍土的高難度工程。

大陸租下斯里蘭卡大港
九十九年

斯里蘭卡赫班托達港，為其南部大港，二○一七年七月由香港招商局港口控股公司，以九點七四億美元（台幣兩百九十五億元）獲得百分之八十五的股權及九十九年經營權，成為一帶一路海上重要一環。此外大陸方面同意該國要求，在其相關海運業務投資十一億二千萬美元。按赫班托達港為斯里蘭卡全方位深水港，位置在亞洲到歐洲主要航道十里範圍內，被稱為黃金位置。如今成為大陸海上一帶一路重要節點，將由大陸擴建為一座綜合性大港，並附帶具規模的工業區，以增加當地人民工作機會，促進商貿發展。各有關工程分三期完成，首期及二期均已完工落成，投入營運服務。碼頭長度達三千四百八十四公尺，有泊位十個，可處理貨櫃、散貨、一般貨物、滾裝貨物、液體散貨等。又因該港水深十七公尺，含導航通道在內，故泊位可處理超大型船隻。

為虎豹高鐵繞道

　　原設計規畫好，由吉林省琿春市到俄羅斯的海參崴高鐵，兩地將因這條高速鐵路縮短一半往來時間。但由於東北虎、豹保育區，老虎已由六至九隻增加到二十七隻，豹子也增至四十二隻了，證明保育有效，但是保育人員認為依原規畫高鐵將穿越該保育區，對虎豹生活造成影響。吉林省政府對此十分重視，聽從專家建議，把原設計路線改道，避開保育區。大陸東北森林覆蓋廣大茂密，是野生東北虎豹主要棲息地。唯自上世紀五〇年代起伐木過多，使食物鏈中斷，影響當地虎豹生存，數量大減。一九九八年，中俄美三國專家對長白山一帶進行調查，老虎只剩六至九隻，這些年在保育人員維護禁獵等嚴格監管下，已使東北稀有的虎豹逐年繁衍，使其數量增加。此次高鐵改道尤能配合動物保育，獲得各方稱讚。

減霾單車

　　若去大陸旅遊或任職，生活中常發現許多精巧小工具，如手搖削蘋果機、穿針引線小工具讓人即使閉眼也能把線穿進任何小針孔、油瓶倒油自動開蓋等，總之生活上的小便利可讓使用者滿意開心，又節省分秒時間。如今有的人運動、上班必須騎單車，最怕遇空氣汙濁，則有人發明了減霾單車，預計數月上市。這種單車可在空氣不好時，仍讓騎乘者能呼吸到更好的空氣。這種單車是由荷蘭與中國大陸工程師共同研發成功。它利用負離子淨化器，釋放負離子，而負離子能捕捉帶有正電荷的微粒，而使空氣淨化。因此在單車頭裝此淨化器，它便可不斷吸進汙濁空氣而施放出潔淨的空氣。現在這種單車據聞訂單頗多，正加緊生產中。按大陸每遇空氣不好時，城市居民無事多不出門，今有這種單車出現，將為各都市居民在遇霾害時仍能正常外出。

衣服可為手機充電

　　大陸科學家在各國科學家為便利手機充電絞盡腦筋時，發明了各人穿的衣服就能隨時替手機充電。這種衣服材料，是新型電子材料的運用。這一科技突破，是大陸南京市東南大學研究團隊的成果。他們利用分子材料的彎折而產生電力，將它應用到衣服上，便成為發電衣，就可隨時為手機充電。這一發明發表在國際頂尖雜誌《科學》受全球關注。據發明此一科技的熊仁根、遊雨蒙教授稱，他們研究發現一類具有優異的壓電性能的分子鐵電材料，可在壓電性能上達到傳統壓電陶瓷水準。因此這種少見的壓電特性，不但可使電腦晶片體積再次縮小，使能像紙般折疊彎曲的心率計、超音波機等成為可能，利用衣物彎折為手機充電不再只是幻想，而更能製造安全醫學植入器件。另在感測機器人交互技術、微機電系統、奈米機器人及有源柔性電子學等，具有重大應用前景。至於能為手機充電的衣服，預計不久將普遍面市，惠及大眾。

新引擎渦扇 -19 配殲 -31 戰機

多年來台灣與大陸均能製造戰機,如經國號,而大陸各類戰機均有,唯飛機引擎卻一直仰賴進口。近年聞大陸科學家已有突破,中國航空工業部門第一次對外公開,以特殊合金研製成性能極佳的新引擎渦扇 -19,即WS-19的引擎發動機型號。專家指出,這就是傳聞已久的新型中等推力引擎,一旦量產,必然滿足軍用航空引擎市場對中等推力渦輪風扇引擎需求,亦將給大陸中型、輕戰機、高空長航無人機、無人戰機等,帶來強勁可靠的動力系統。更可能配備於第五代戰機殲 -31,使具有超音速的能力。另據航空專家指出,渦扇 -19 其研發目標是 F414 渦輪引擎,在最大推力上要大於歐洲的 EJ200 引擎。在國際航展上曾出現,如今已量產,必為大陸空軍,無人機系列帶來強大力量,推進各機種戰力。

核彈旨在防衛

　　據美國國防報告指出，目前世界上擁核彈國家，如北韓、伊朗、俄羅斯和中國，且都在發展彈道飛彈和巡弋飛彈，但其中中國大陸是世界上彈道飛彈發展創新最活躍的國家，且其成就多元，種類多、變化大，估計能打到美國的核彈也在增加。美國軍事家所以認為中國洲際導彈加核彈頭威脅最大，因為能夠精準打擊，還能設定分導，使一彈中之多彈頭皆能一一擊向目標，每個子母彈有能力避開截擊而奔向目標物。根據美國國防情報局彈道飛彈分析，中國大陸正研發超高音速飛行器，對飛彈防禦系統挑戰，如十碼嚇的速度則任何防空飛彈均將對其無效。目前外界已知中國大陸的飛彈有東風 21C、21D、26 等各型，而長程洲際飛彈有東風 31A、5B（分導式多彈頭）、巨浪 2（據海基能力）、東風 41 型機動發射之洲際導彈等。美國防報告稱中國核彈約為兩百七十枚，但另一估計卻為三千五百枚。唯中國大陸從未公開其核彈數量。

啟動十大漁港建設
攬兆元海洋經濟

大陸為改善漁民生活，使漁業進入現代化，工作便利而安全有保障，著手興建沿海十六漁港，同時規畫九十三個漁港經濟區，估計在五、六年內建成。屆時漁業將在政府輔助下大發展，也將整體提升漁民居住、醫療、休閒、娛樂等設施。這十大漁港是遼東半島、渤海灣、山東半島、江蘇、上海、浙江、東南沿海、廣東、北部灣、海南島含南海等並同步發展九十三個漁港經濟區。於是以十大漁港之現代化，將使海產大豐收，漁民生活品質提升，更新漁船、改良設備、促進漁業發展，估計將為兆元以上的規模。過去的老舊小漁村，將一躍為現代化新型美麗的海濱鄉鎮，又具備大都市生活同樣的硬體和軟體配套條件。在增加海產方面，將由漁業專家輔導，務使海產有計畫的繁殖，成為漁民永遠取之不盡的財富。目前各大漁港正開始動工中。

首次由衛星考古配合
「一帶一路」發展

　　大陸發起「數位絲路國際科學計畫」，自二〇一六年五月開始，配合一帶一路由太空對地球觀測，並將資料、科學技術、應用方法等提供國際合作及各國需要。此計畫著重絲路環境之變化，研究各區域繼續發展的方向，以便確實掌握各不同的需要，便於精準支援。此外設立地球大數據、農業與糧食安全、海岸帶、環境變化、世界遺產、自然災害、水資源等七個工作組，及城市環境、高山與寒區兩任務組。世界遺產工作組，旨在建立自然和文化遺產國際、區域、國家等合作平台，提升對地觀測科學、技術、經驗，進而保證一帶一路沿線地區自然和文化及文化遺產對人類的正面作用。目前便發現突尼西亞境內有十處古羅馬遺跡，即三段邊界牆、兩個軍事堡壘、三處水窖、一處墓葬，隱約可見古羅馬時軍事防禦系統安排和農業系統的結構。

高速公路總長超過十三點一萬公里

在總長十三萬一千公里高速公路中，由於地區的龐大和地形的複雜，時刻在給工程師出難題，考驗專業創新和勇氣毅力。據估計，大陸近年高速公路以一年築成一萬公里的速度推進。去年七月通車，全長兩千五百四十公里，被認為是全球穿越沙漠最長的高速公路。它從二○一二年九月施工，二○一七年七月便告完工，由北京直通新疆烏魯木齊。這條路亦屬放射線大道，沿線由北京、張家口、烏蘭察步、呼和浩特、包頭、臨河、額濟納旗、哈密、吐魯番、烏魯木齊，是大陸國家一帶一路標誌性運輸幹道之一。它是出名的難於開路，其地況之複雜是難以想像的，被指為跨地表最艱難的長程高速公路，穿越戈壁、沙漠、山地、丘陵，三百多公里無人區，打通東西大動脈、橫向亦連結了沿線各大城市，又是新疆霍爾果斯口岸北上天津港北部沿邊出海的捷徑。

薄如紙硬如鋼的玻璃

中國大陸研製成世界上最薄，又最強韌的「超薄玻璃」。把一個五十五公克鋼球，由一公尺高墜下，重力加速度砸向這種玻璃，其撞擊力經專家換算指出，這一下墜力道，等於一輛出租車以時速一百五十公里撞牆的力道。而此玻璃仍能完好，在過去是難以想像的。它的厚度為零點一二公釐，而一張 A4 紙為零點零九五公釐。大陸研發超薄玻璃，是中國建材集團蚌埠院功能玻璃研究所的成就。目前更進一步研製更薄的零點一公釐超薄強韌玻璃中。這項玻璃用途太廣，商機無限，是由大陸蚌埠玻璃工業設計研究院首席科學家彭壽和科研團隊經三十年製成。這必然將讓世界對玻璃的使用大量增加，同時也將帶動相關原料需求增加。超薄玻璃已震撼世界，成就惠及人類。據新華社報導，大陸科學家之所以潛心努力研究玻璃，是因為一九五〇年英國對玻璃新技術製造突破，向各國銷售專利，卻單單對中國封鎖，反而因此使中國大陸科學家製出全球最搶手的「超薄玻璃」。

德義美三國專家認為不可能
貫通修成的鐵路

　　中國大陸由重慶至蘭州一條八百餘公里的鐵路，其建成必須經過崇山峻嶺，河流縱橫蜿蜒，和打通兩百二十六個地形複雜的隧道，架設三百九十六座橋樑。其中被認為最難打通的是被稱為「鬼門關」的胡麻嶺隧道，全長十三點六公里，然岩石特殊，故德義美各國土木工程專家均認為難以貫穿，且認為是不可能的任務。然而這被稱為世界難題的工程，卻被中國鐵路工程隊克服了。從二○一一年開工，至二○一七年九月二十九日全線貫通，只花了六年。據造路總工程師夏荔透露，打通胡麻嶺隧道，他們是用「九宮格作業法」，把整個作業面，分成九個小作業單位，在保證岩體穩定性同時，讓挖掘工程順利進行。這項工程完工後傳出一段佳話，即總工程師夏荔和其工程師父親夏付華相對在兩頭工作，六年後貫通全線，父子才相見。

彩虹 -5 勝全球鷹

　　中國大陸的無人機，是由航天科學家設計製造，能對一般無人機性能重估，製出創新的隱形無人機。其超過美國者頗多。以彩虹 -5 而言，可負偵測、攻擊，能對兩千公里內的目標物精準打擊，比美國全球鷹等各款式無人機更好，最大航程四十小時一萬公里。由於引入航天技術，故無人機操作比美國者簡便太多。只要設定行程與任務。無人機便自行起飛，達成任務後，自動返回、降落在指定地點；而美國全球鷹操作複雜，操作人員必須特別熟練，且無法輕鬆使喚，進行武裝攻擊時還得抄低空飛行，中國彩虹 -5 卻仍可高空精準打擊，難被敵人發現。目前大陸有由量子衛星保護的訊息，外力無法竊取，在軍事上的數據參數亦然，使無人機更如虎添翼。按台灣之第四軍種電腦兵團及美國專設之電腦部隊對大陸展開駭客攻擊將一律無效。

火車南向貫通「一帶一路」

　　大陸打通了南向火車網，使中南半島貨品跟上一帶一路商機，可大量縮短運輸歐洲里程，節省到貨時間與費用。過去靠海運，全程四十天，如今火車只需十六天，且海運價格波動不穩，造成運輸成本難控制，鐵路則運費穩定而較低廉。例如開通此鐵路首發的火車，將越南生產的電子產品等，運至廣西，轉經成都由中歐班車直達歐洲波蘭。此一橫跨歐洲與中南半島的鐵路，給沿線各國帶來無限商機，更拉近了各國人民彼此的感情，進入世界共同體的實踐。而中南半島各國商品更可大量銷往大陸各地，如昆明、成都、四川、貴州、武漢、上海、深圳、廈門、廣州、青島、北京等不一而足四通八達，也匯集各地出產商品、原物料等源源輸往中南半島各國，彼此貨暢其流。此外，連接了中、日、韓商機，成陸海空立體交通最經濟的路線，日貨也進入帶路交通網。如今大陸至歐洲火車超過六千六百四十多次、六十一條線、三十八個城市、十三個國家，去年一年就三千多班次，僅大陸貿易額已超過與美國貿易。

無人交通新境界

　　談到「無人交通」，大家定覺奇怪，其實就是無人駕駛，比有人駕駛更安全舒適可靠，故在此再次推崇智慧交通。大陸目前正加速推進智慧車輛，布局無人交通，展開新型態新汽車革命，使西洋發明出的汽車改頭換面，成為智慧型、不污染、不排廢氣、自動行進、載人載貨的人類好幫手，且絕對任勞任怨。無人交通之所以再提起，是因為大陸將其列入創新發展戰略，使 5G 衝刺、AI 人工智慧、物聯網、大數據、雲端等新科技，合用在惠民利民方面。因此把已獲成效的無人機器人領域，再擴大到智慧車之普及，全面實現無人交通。要將電動車存有的缺失難點全部清除，並配合智慧交通號誌，可全天候為人民服務。同時，對氣候變化，天氣無常等都有應付之道。中國大陸對交通革命性新設計研發布局，將使地球上自有汽車的百年以來，首次全面大改革。

災害預警衛星

　　大陸先後向太空發射的各類衛星近兩百顆。此次發射的災害預警衛星，命名「風雲四號」，將對全球服務，尤其在天氣預報準確度將更可靠。風雲四號原為造福帶路各國而設計，其覆蓋面可擴及全球，堪稱利益共享，澤及全球。它是中國大陸氣象等科學家共同設計製造的先進具針對性的衛星，預定服務時間八年。它含有全球第一個靜止軌道干涉式大氣垂直探測儀，可在大陸和亞太各國每小時測報一次，間隔只十六公里的大氣溫濕分布之垂直探測，並能透過「太空千里眼」鏡頭，全天候監視地球。它有閃電成像儀，對地球各地閃電頻次、強度加以探測，由特製「強對流示蹤器」予以快速作成紀錄，供氣象單位參考。此新型氣象衛星，更有反應快、資料正確、不會遺漏等優點，尤對一帶一路國家和地區天氣和災害有預警式服務。

核動力航空母艦之製造

　　在二○一八年初，中國大陸罕見公布，正進行核動力
航空母艦相關技術攻關。儘管台灣習慣質疑大陸的專家，
劈頭加以懷疑、否定，認為大陸核航母進程，雖正由「量
變」接近到「質變」，但在核反應爐除役及棄置問題未解
決前，不會貿然開工核航母。不過美國的「中國通」專
家，則認為照中國官方從不說空話的紀錄，台灣專家的估
計很難證實。因為大陸應已克服了核反應爐除役和處理棄
置問題，否則根本不須突然公布。習近平主政以來，已使
全國上緊發條，齊心努力於追求中國夢早日實現，百行百
業已進入「中國速度」而驚艷全球，在軍工方面更屬跳躍
式進展，十一萬噸航母亦已宣布不久後完成，將隨預定的
「山東」號首艘航母之後建成下水。中國已排序在未來十
年內建成六艘海上服役的各類航空母艦。此均為習近平強
軍衛國部分要求，中國人應樂觀其成。

抗低溫隱身衣

　　北極熊為何如此不怕嚴寒，對低溫無感，引起大陸浙江大學師生研究興趣，因此深入剖析，發明了隱身防寒衣，其專利成果是「冷凍紡絲技術」。通過這種技術製成輕便防寒衣，美觀又隱身。所謂隱身，即夜間行動時紅外線偵測儀將對其失效，是軍事上可廣為運用的理想材料，如穿在身上，裝備於武器上，夜間活動將極為有利。該大學師生從電子顯微鏡中觀察北極熊毛的橫斷面有十五至二十微米的中空半透明小管，小管周圍有許多狹長小孔，向一個方向伸展，它對紅外線有很好的反射作用，能封存大量空氣，將儲存的熱量輸送至北極熊體表，且能保持高度恆溫。該校結合化工與生物工程兩系將蠶絲經過幾道工程造出「仿生纖維」，居然優於北極熊毛的布匹，製衣在零下四十度仍不覺冷，且可在紅外線下失焦隱身，是輕便防寒上品。

時速六百公里高鐵將服務

　　大陸每小時三百五十公里速度的高鐵行之多年，現有關專家們正研究加速工程，同時要提高乘客舒適度。據了解，未來要讓旅客坐高鐵如入高級劇院，計畫要引入媒體，把視窗都變成電子螢幕，由已具備的一千多種專利發明再大量增加，尤其要儘快加入人工智慧。另方面要在研究每小時一千公里的真空磁浮已初步實驗成功落實前，先建成每小時四百公里高鐵及六百公里時速的磁浮。大陸二〇一八年將增建高鐵路線三千五百公里，常規鐵路五百公里，目前已營運的鐵路總計十二萬七千公里，高鐵達兩萬五千公里，占世界高鐵總合的百分之六十六點三。預計大陸兩年後鐵路將超過十五萬公里，而高鐵可超過三萬公里，均穩坐世界第一。目前大陸貨運鐵路通過「一帶一路」直達歐洲與沿線國家，貿易額高達美元一兆多，為對美貿易近兩倍。在美國多方欲以島鏈圍堵中國時，卻萬想不到其經濟力已伸向全球，難怪美國經濟學家指：「我們已被中國反包圍了。」

建築技術已為全球第一

由於特斯拉執行長馬斯克，見識到大陸福建龍岩火車站拆掉重建成現代化車站，只用九小時，讚歎之餘認為如在美國至少須兩年，指中國建築比美國快一百多倍。原來一般人很少注意到，中國大陸研發成功的世界超強特殊鋼，使獨創的工程器械、載重工程車均為世界之最。此外，工程師不斷創新突破，據悉數年前湖南地方造一棟三十幾層大樓十二天竣工，能抵擋九級地震。另在水泥品質方面亦有改進。其基建技術稱霸全球，源源不斷投入的技術人員已成為建設大軍，能快速解決任何複雜地形的難題。其研發的建築利器（工具）及改良先進國家的工具等，成為中國式建築「神器」，助長「中國速度」。大陸製的超強鋼，強度達一千八百兆帕，能存載極重的重量（即一根小指般鋼筋能撐一頭非洲成年大象），泵車臂可達九十公尺。各種助建工具設備稱霸全球，各國紛紛採購，成為中國製造又一熱點。

重型戰機殲 -16 服役

　　大陸研發自製的殲 -16 戰機正式服役，首批超過百架，被譽為重量級戰鬥機。其戰力驚人之處，在於能大量攜帶彈藥，對敵空軍、地上目標、海上船艦等採取精準打擊。外掛飛彈可至十二個、載彈超過十噸。為雙座式，機上有先進的主動相位陣列雷達及新式飛彈。另在整機性能，包括載油量、雷達口徑、推重比等數據、超視距空戰等，均表現突出。二〇一八年初中國大陸解放軍空軍微博發布一項新訊息，專門介紹殲 -16 戰機，指為殲 -20 的最佳夥伴。它的製造成本低，火力強，空中纏鬥靈活性也強。空中巡邏還有新型雷達，故亦超過殲 -10。又被稱為「亞洲最強殲擊轟炸機」，引起各國關注、研究。由於殲 -16 具多種殲敵利器於一機，在量產後已普遍分配至各空軍基地服役中。今後亦將屬主力機種之一。

正研發時速一千公里超級高鐵

　　此一轟動國際，被歐美等國媒體大篇幅報導的高鐵新境界，從各外國專家們了解，確實已非空有理論的夢想，且將在中國科學家手上成為事實。這一全新設計，源自於過去德、日等有磁浮列車國家，對大陸樣樣封鎖，連參觀其生產技術皆拒絕，如今才有世界第一的高鐵，和「高溫超導磁浮」，每一小時一千公里的真空磁浮研發成就。按大陸四川成都西南交通大學專家學者稱，超導是一種零電阻材料，電流通過導體無熱耗，造成強電流，產生超強磁場，乃利用其超導抗磁性，實現磁浮。而高溫超導是指攝氏零下一百九十六度低溫的液氮環境中，超導所具有的特性。而所謂低溫超導，是指在攝氏零下兩百六十九度的液氮環境中，超導所具有的特性。大陸用高溫超導有穩定性，能懸浮及懸掛，運動間不受影響。目前杭州某企業已製出磁浮各項材料，已順利設計出特殊軌道、車體，解決了相關問題，製成實驗線一座，為技術領先世界的成就，引起歐美同業關注。

新型戰車威力大

　　美國目前裝甲車為 M60 巴頓戰車，四乘員，重四十九噸，中國新型主力戰車為 99A，被稱陸戰之王。因它是資訊化戰車，有複合彈芯，能穿透世界上任何裝甲。而其另一特殊裝置可使戰車強大火力精準打擊，不受行進時顛簸影響。它是首輛資訊化坦克，有全天候不受干擾的精確打擊能力，能立即感應戰場周邊情況，態勢共用，與陸軍協調合作，擴大攻防效力。車內軟體、電子零件等全部自主創新製造。車體為獨有的「高強度複合鋼材」製成。意思是戰車穿上了一層防彈衣。另一種複合彈芯，可使彈頭速度和穿甲深度大為提升，能輕易穿透世上任何堅固的裝甲。故美國主戰巴頓坦克被 99A 視為無物，何況 99A 已升級至數位化，且正向無人駕駛方向邁進，不久即能發現中國坦克均屬自動征戰。屆時再配以無人機、無人艦，可謂的「莫之能禦」，這應是嚇阻好戰者的不二法門吧。

農業成就舉世讚歎

　　國際農業專家認為，中國大陸農業上的成就，堪稱人類奇跡，是對全人類最了不起的貢獻，其糧食增產科學技術正廣為各國學習採用。國際農業專家們指出，中國農業的獨特貢獻應是「可能養活地球」。過去當中國正要掙扎崛起當口，各先進國便有人認為必須加以防止，唯另一批專家認為中國人口正在膨脹，眼看將突破八億，到時政權必被糧食問題拖垮，不必急於遏制。豈料以農立國的中國隨著人口增加，農業專家卻不斷出現，可以針對各種地形地質種出豐盛的植物，如水稻之父袁隆平種出的「雜交稻」，還有「海水稻」、「巨型稻」、「黃淮第一麥的百農 58」等，均把水稻大量增產，另有耐乾旱的「旱稻」。於是以世界上百分之七的農地，竟養活了百分之二十的人口，還包含無以計數的禽畜鳥獸，令歐美等待中國被過多人口吃垮者期盼落空。中國農業改良科技正傳輸世界，緩解人類缺糧恐慌，實為最實際貢獻，卻被諾貝爾獎諸公忽視。

殲 -20 戰機量產服役

殲 -20 戰機屬第五代隱形，可滿足國家戰略需要的新型戰機。殲 -20 為自主創新，依解放軍空軍需要的戰鬥機設計製造而成。雖然殲 -20 量產服役，但空軍要求不能對外銷售，以保障其多項打擊優越的功能。由於殲 -20 戰機設計製造成功，中國航空工程專家正進一步設計製造更厲害的隱形戰機殲 -31，已命名「鶻鷹」，取其驍勇無敵，為所欲為之意。二○一八年二月殲 -20 已服役於解放軍，形成全面性作戰能力。它使空軍綜合戰力更為提升。目前大陸進行研發的六代機亦順利製造，其在隱形塗裝顏色、內部設計、裝備、雷達、電子裝置、載重、武器、反雷達等多方面均有突出而成功之處，合於空軍思維要求的設計，是不斷進步的產物，它更具先進國家當家戰機所長，又改良其所短的更加完善、優越的戰機。

高鐵里程將達三萬八千公里

　　大陸傲視全球的高鐵，時速由兩百五十公里提高到三百五十公里，其平穩度可使外國旅客用硬幣立於桌上不會倒下。高鐵自始增建未停，迄二○一七年已有兩萬五千公里，預定至二○二五年前，將達三萬八千公里，超過世界總合里程一半多。而速度達每小時六百公里，成本亦低廉的「中式磁浮列車」，現正緊鑼密鼓測試中，且已近成熟，並相當理想，俟相關配套做好，便可著手興建磁浮商用化。目前在高鐵全面提速三百五十公里後，例如上海、北京往返縮短四小時十八分，票價不變，其他高鐵票價也不調漲。順便一提，大陸國內長途電話亦視同市內收費以惠民。大陸高鐵除進入全系統化，現正走向無人駕駛目標，且已進入測試階段。

大陸將測試生產無人駕駛船

　　繼無人機、車、店、專櫃、碼頭等之後，無人駕駛船正積極設計成功，名為「筋斗雲」。其排水量五百噸，長五十公尺，電力推進，全自動化，然此種船必須有水試場，乃選在海象極佳，位置理想的珠海，鄰近澳門被稱為美麗的花園城市。目前「筋斗雲」已造成，俟水試場規畫建好（二○一七年開始施工，二○一八年內完工），立刻進行水試。珠海市面積近七千平方公里，所轄島嶼頗多，向有百島市之稱，海洋經濟發達，也是觀光旅遊勝地。該海試場一二期工程共有面積約八十平方公里。測試船除「筋斗雲」外，還計畫建造不同船型多面向測試，如自動避險、協同編隊、自主作業、警戒巡察、通訊，向各層島輸送補給、救援等，將來用於內河航運，含大運河之運輸等。按即將啟用之無人船海試場，為當今全球最大，可同時多船測試。由於中國大小河流、湖泊、沿海面積廣大，無人船發展前景無窮。

中文漸成世界語

　　研究各種語言的演化，發現當蘇聯強大時世界流行俄語，法國強大時世界流行法語，以及英國、美國崛起，則英語乃為世界語，各國奉為第二語言。而今龐大國體的中國快速崛起，其各種創新、研發驚人，文化領先全球，經濟又有大發展時與世界各國「雨露均霑」，共利雙贏。故很快受各國歡迎，乃紛紛學習中文，以便交流，更能了解中國文化中的仁愛互助精神，如「獨樂樂不如眾樂樂」之文化精髓。很快的世界各地出現了「中國通」，默默為他們國民學習中文出力，進而帶領他們認識中國這一文明古國，其近代歷史演進與崛起過程。人類溝通、互相認識了解唯靠語言、文字。由於中國崛起後，經濟力猛進，科技時有創新，促進了人們生活改變與引領，故各國急於跟進，必須懂得中文。最近澳洲、俄羅斯均將中文列為第二語言，並把中國經濟、金融、文化等納入教材。

萬噸驅逐艦建造速度驚人

　　近幾年大陸十多個造船廠，在技術與設備不斷改進下，被賦予「中國速度」的稱號，每月都有新的船艦下水，被外界形容為「下餃子」。平均每年造好下水的軍艦約在十七艘左右，最高紀錄曾有三十艘，而一萬兩千噸大型驅逐艦，類似美國神盾級者，目前就已造好三艘，另三艘正趕造中。這是大陸近年新設計火力強大的導彈驅逐艦。預計三年這隻中國「神盾」隊開始服役，美國的神盾之建造數量與製造速度皆低於大陸而成為第二。二〇一七年大陸 054A、和 052D 型新型巨艦、多艘戰艦及 002 航母已先後下水服役，並在造船方面特別強調作戰性能，鋼材、電腦、雷達，武器配備等，進步神速，已使歐美等國家望塵莫及。而新造萬噸級火力強大的導彈驅逐艦，二〇一八年內將有兩艘下水，預計三年內繼續下水的應有四艘。而一年前服役的 055 萬噸導彈驅逐艦，已引領中國海軍進入強大火力主戰對敵的有利位置，使海上綜合戰力全面提升。

北大清華 AI 實力
全球排名第二

　　排名第一的是美國卡內基美隆大學、第三是康乃爾、史丹佛大學。台大列名第七十三、麻省理工學院只列名第十。由此可見單以人工智慧的實力，了解北大、清華之力爭上游。這與教授、學生雙努力有關。而近年台灣高校滲入意識形態，掀起內鬥、捲入選舉，自亦影響學術風氣，使教授與學生分心。這項全球 AI 實力排名，它由美國麻省大學阿默斯特分校電腦與資訊科學學院教授Emergy Berger，四月發布的全球院校電腦科學領域實力排名的開源項目。其分數計算依不同於 US News 和 World Report 方法，主要在於調查。按各校電腦領域之最高階學術會議、發表的論文數以及師資實力，每篇論文均經精密計算確認，最後通過平均值，算出分數。證明北大、清華在全球AI實力排名同列第二。

建成散裂中子源靶站

　　近年台灣癌症患者凡無須手術者，均接受自美國引進的「直線加速器」治療，癒者比例頗高。如今大陸科學家亦自行研發成功。其技術難度極高，是將中子散射技術做好，即將質子加速到相當於零點九倍光速的速度時，撞擊原子系數極高的金屬靶，撞出質子和中子，再由特殊裝置收集中子，而成超級顯微鏡，可探知物質微觀結構，如動物淋巴液之流動、植物水份如何吸取等。大陸科學家經過六、七年鑽研終建成「中子源靶站」與散裂中子源直線加速器，散裂中子源可應用於固體、液體、化學、生物工程、生命科學、材料科學、奈米材料、中子生產的人工同位素、中子活化分析、中子摻雜半導體器件、中子輻照加工等，也能用於醫治癌症醫療，以及用於飛機、高鐵檢測「金屬疲勞」、氧化、腐蝕、變形問題。中子有穿透所有金屬特質，對機、車、船艦製造極為重要。如今大陸研製成此重要的「萬用超級顯微鏡」，在「中國製造」品質保證方面更增加可信度。

亞洲最大太陽能發電裝置

　　大陸十年前便推廣太陽能發電，到大陸旅遊，從汽車和火車向兩旁民宅望去可發現家家戶戶屋頂上幾乎都有太陽能吸收板。現在連海面、魚池上，廢煤礦等均覆蓋了太陽能板，面積之大、普及率之廣，已居各國之冠。不過在邊疆日照最長、雨水較少的敦煌地區，及甘肅省中心地帶，騰格里沙漠一帶，日照每年達三千小時以上，已開始發電，加上以此為中心和敦煌全部建成，預計年發電可至驚人的一百兆瓦。這種大面積的集熱裝置，用人工智能操控，可自動調整方向，最大面永遠朝著日光，使太陽能充分吸收。目前自主研發的高功能吸收太陽能的相關組件十分複雜，零配件頗多，現最大面積太陽能巨型板面，不久將可完成，應為亞洲唯一的紀錄，總年發電將超過三億五千瓦。

大陸智慧無人車將上路

　　所謂智慧無人駕駛車，除已啟用的夜間清道無人車後，可行駛都市的小型客車而言，這種車設計新穎，視野廣闊，似觀光景區的接駁車。採用人工智慧 AI 技術。這種無人駕駛小客車，品牌多種，性能大同小異，各款分別在不同地區製造，正逐一推出測試中。預計下半年（二○一八）先後量產供大眾選購，或由公共汽車公司購作載客小巴。這也是國家推展人工智慧落實運用的一種。目前大陸人工智慧正漸普及到社會各角落，而無人駕車輛，則由於關係到安全，則以政府高科技單位航太機構協助，控管各相關組件的精密度等極複雜的監控工程，務必達到安全舒適。這一智慧輔助系統已達到世界前沿水平，即可配合無人駕駛各用途不同車輛進入量產，走在各國前面。

人民生活安逸自由自在

　　大陸除南來北往皆能一日到達、舒適安全的高鐵外，行動支付方面已至流動攤販，人們出外無論吃飯購物都不需帶現款，大型販賣機可以各自手機開門，取出選好的物品後，便可將門關上，拿走貨物，並用手機付款即可。其他所有民生物品，吃的、喝的、用的、穿的，甚至生鮮蔬果，都可網購而迅速快遞送來。其中更令外界驚歎的是，郵政局之便民到家。民眾如有包裹、信件要寄，不必去郵局，僅靠手機呼叫，就有郵差告知何時來收，並當場秤重收件，手機付款。至於公用單車，早在台灣的十年前便出現在杭州，免費的紅色單車共三十多萬輛，大街小巷均見，騎出不須放回，自便使用。而機車均屬電動，無聲無煙。而農村已普遍使用無人機運輸、巡視拍照、灑藥、餵魚蝦等，堪稱領先各國掌握與配合科技脈動。

無人機進入量產服役

　　這種世界上最大的無人飛機，中國大陸已試飛成熟。它的性能遠超過美國引以為傲的「全球鷹」，是雙身設計，展翼五十公尺，長二十五公尺，起飛重量二十噸，可全天候執行任務，並能裝載火箭等武器，偵察、照像等多功能。其續航力、載重量均超過美國一再改進後的「全球鷹」。由於中國大陸採用新研發成功的醬色（古銅色）特製引擎，原料金屬特殊，耐高溫與壽命長，加上備油量大，故綜合性能已遠超過美國無人機。目下各先進國設計的無人機，綜合性能無優於大陸者。大陸民用無人機已用於快遞、農田噴藥、觀察水利、救災、森林監看、攝像等多種用途。而此大陸軍用雙身超大無人機，命名「神鵰」顧名思義已勝過「全球鷹」。有隱形塗裝、紅外線、電子雷達等基本配備，也能高空長航、負責通訊預警，故優於各國，且繼續創新改進中。

優勢核潛艇

　　凡潛艇最忌在水下噪音大，容易被發現。其次艇身鋼材強度如何，始成海底游龍，發揮應有的戰力。如今大陸在減低噪音方面已能使核潛艇水下縱橫來去無聲。而另一重要的，還要「身子硬」。大陸研製成世界第一，歐美各先進國家尚無能造出的「超級鋼」，可使國產潛艇成「金鋼不壞之身」。此鋼「屈服強度」兩千兩百兆帕（強壓單位數字），而美國、德國、日本等只在強度一千一百兆帕。大陸強度提升百分之兩百，各國已望塵莫及。目前美國鋼材八百九十兆帕；日本為一千兆帕；法國為九百八十兆帕；俄羅斯為一千一百兆帕；因此艇身皆不比大陸堅固。其次，中國大陸焊接技術亦領先世界，將在正著手的第三代核潛艇製造上集中各項優點，作最佳發揮。而其他船艦之建造必將「雨露均霑」，獲得最好的設計和最好的鋼材建造。其實「超級鋼」可使大陸所有工業產品提升，為「中國製造」如虎添翼。

米波雷達之厲害

　　所謂隱形戰機，是令雷達無法找到的飛機。美國隱形戰機已服役多年，而中國大陸也成功研發隱形戰機塗料，且性能優於美國。不過大陸已成功對付隱形機的雷達，名為米波雷達。這種雷達能使美國引以為傲的隱形戰機無所遁形。美國為了干擾此種全球最先進、大陸獨有的雷達，曾撥二十億美元欲研究破解，但無功效。目前雖領先世界任何雷達，但大陸專家並不滿足，正依此研究性能更佳的雷達中。所謂米波，即頻段三十至三百MHz，波長一至十公尺，有自己適合的發射機，可作長距離探測、鎖定。至於自身釋出輻射源問題，米波研發人已在技術上加以處理。故以美軍最新隱形戰機 F-22 為例，只要在作戰時，一旦被米波雷達發現，隨之便會加以擊落或摧毀。而中國隱形戰機，和隱形無人機，一旦出襲，目前各國尚無能應對的雷達。

以「中國速度」建高樓
全球第一

　　在春秋戰國時代出名的「巧匠」魯班，早已世界聞名，美國自大陸改革開放後，便有一批醉心中國古建築的學者經常至大陸，與大陸木藝專家和大師級木工人士交流學習。他們認為中國古代所建的雄偉宮殿、高塔及一般居屋、廟宇等，均不需用釘子，竟千年不壞，美侖美奐，實在神奇。他們發現中國自古就是善於建築的民族。因此目前發現大陸造摩天高樓技術世界之冠，又快又好，統計全世界高樓百分之七十多都是中國製造。中國為了建築品質和速度研製成「空中造樓機」，可在一千公尺高處安全快速工作，在八級強風中穩步施工。每層樓平均四天內完成，其輔助造樓機的配套工具亦獨具匠心，使造樓機逐層上爬，且安全快速。其可把六十萬噸的相關材料，輕易運至三百或五百公尺高樓各層之用，能在機床主軸每分鐘轉兩萬四千轉的速度下，把零件的粗糙面，控制在頭髮絲斷面的萬分之一以下。此和高鐵（動車）零件的精密度類似，足證「中國速度」之絲毫不馬虎。

超級風洞將研製出
高超音速的導彈

　　目前各先進國家都在研發高超音速武器，俄國製成了
十馬赫到二十馬赫的高超音速飛彈，由於速度太快，幾無
法防預。而美軍方亦透露不為外人知道的大陸東風-17超
高音速飛彈，已量產分配各地使用。現在大陸正設計製造
全球最先進超音速風洞系統，將模擬十至二十五馬赫高超
音速環境，並成為當今世界無與倫比的「大國重器」。過
去大陸已經建成有 JP-12 和 JP-10 等多款高性能風洞，能
模擬高超音速飛行器的飛行環境。其技術已極先進屬世界
前沿長度達兩百六十五公尺，為全球唯一者。唯這並非大
陸的終極目標，因此必須進一步提高設計。新的風洞建成
後，則可把相關產業連帶至新的里程，將使航空、航天、
各類飛行器的性能、模型壓力等種種數據掌握，而阻力、
升力、加熱特性均一併測出。依此製造出理想中的高超音
速飛行器，及其他需要的航空建設。

配核彈的轟-20實現大陸戰略空軍目標

　　據美國五角大廈報告，原本美國引以為傲的海陸空一體投射系統，現中國大陸也樣樣具備，並估計已加大對戰場的主控能力，因此認為解放軍綜合戰力，是應已追趕至僅次於美國的軍事大國。解放軍早期竟能在「小米加步槍」，裝備極簡陋時期，打敗美式裝備的蔣介石大軍，復在北韓令美軍吃盡苦頭而成手下敗將、蘇聯機械化部隊敗北等。毛澤東便指出，打仗不完全靠武器，必須有好的攻防智慧，才能分輸贏。如今中國空軍攻防能力顯著增強，轟-20之與轟-6不同，是因其屬遠端轟炸機，超遠航程可一萬三千公里，速度達一馬赫，如採空中加油，則可續航至兩萬公里，另可掛十二枚射程三千公里的長劍-30巡航導彈。它已能在維護國家安全上，起到決定性作用，是實現戰略空軍的主要目的。此外再加上火箭軍、海軍現代化的發展，綜合戰力更強大。

高鐵今年（2018）將開工建大動脈

　　一條貫穿大陸六個省區，二十一座城市的高速鐵路即將動工興建。這條被稱為南北大動脈的高速鐵路，全長兩千一百公里。北自內蒙古呼和浩特開始，往南經大同、朔州、忻州、太原、晉中、長治、晉城、焦作、鄭州、平鼎山、南陽、襄陽、宜昌、荊門、常德、益陽、婁底、邵陽、永州、桂林、柳州、終點站為廣西南寧。全線定速每小時三百五十公里。目前大陸高鐵約為兩萬五千公里，為世界之冠。這一南北大動脈，將與京廣高鐵和京九高鐵，形成由北南下三大動脈，縮短南北大地距離，促進工商發達，人民旅遊舒適便利，更能吸引各國旅客，使各城市進入大發展的時期。此高鐵完成後，原設計之高鐵覆蓋全境的八縱、八橫大幹線宏偉藍圖，又完成一部分。

掌握中段反導技術

　　多年前此種中段反導技術，美國即首先實驗，但據當時媒體報導，無法做到百發百中，如今始告穩定。而中國大陸知陸基中段反導對核子大國之不可少，乃積極研發，終告突破，成為國際上與美國同具這項技術的國家。具美國軍方消息，中國大陸在今（二○一八）年初，曾成功試驗陸基中段反導，採用了東風 -21 中程導彈，發射後用「動能 -3」新型導彈攔截。其性能與美國GBI攔截導彈不相上下。美官方媒體指出，此次中國是從新疆飛彈試射場發射，而由動能 -3 直截將東風 -21 靶彈在空中打下。隨後大陸媒體亦加以報導。美媒指此為碰撞式具殺傷力強的中段攔截彈。依此美媒並進一步指出，中國大陸尚有已成功布署的大型反導、反衛星攔截利器，而這次發射的動能 -3 攔截導彈，有紅外線導引的大氣層外動能殺傷裝置，既能攔截東風 -21 便意謂能在大氣層攔截中長程甚至洲際飛彈。展現了「中國速度」，也使美國吃驚於中國這方面的發展。

將建首條智慧高速公路

憶及海峽兩岸開始交流之初，國民黨在記者問到是否與對岸談諸多問題時，答以「等他們有一條高速公路時才夠資格談」云云。然當今據媒體報導，大陸多年來合乎國際品質標準的高速路每年增加一萬多公里，加上各大都市快速道路應已超過二十萬公里，而今更決定要建造世界最先進、安全快捷的智慧高速公路，預訂於二○二二年亞運前落成。它將西起於杭州下沙地方，東至寧波，經杭州、紹興。這種又稱「超級高速公路」的罕見公路，路面為太陽能路面，供電動車無線充電。自動駕駛車輛透過智能中心控制指揮，使人、車、路協調，進入智能監控預警系統，保證安全達到零車禍無傷亡目的。據大陸交通單位透露，這一即將施工的高超高級路面，已局部示範施工成功，落實推廣將配合電動車逐步建設開來。

核打擊軍

　　一個酷愛和平的國家，必須要有嚇阻偏愛侵略他國的邪惡之師。中國人自古即無對外侵略性，唯自衛力頗強。今天的中國大陸已和平崛起，走獨特的真自由民主制度，但不為外界了解，竟在軍事上圍堵。為了確保國家安全，乃發展足以自衛的武力。在海、陸兩軍之外，值得一提的還有經常繞台灣飛行的空軍，其實有戰力覆蓋亞太各國軍事基地的解放軍空軍，為空軍第十師，屬無堅不摧的鐵軍，它是一再改進的核打擊主力轟-6K，裝備有巡航導彈YJ-63。被稱解放軍之空軍主力之一的王牌部隊，平時訓練精良，其裝備之巡弋及巡航導彈，射程三百五十公里，可攜帶多個核彈頭，具十足的壓制力。且其飛行範圍極廣，整個亞太地區及接近的太平洋，含關島美軍基地等，皆在其警戒之內，風吹草動均逃不出掌握。

軍事科技日新月異

　　凡深知解放軍歷史者，必定了解除了把蔣介石領導的大軍打敗使其「轉進」小島台灣以外，還打敗機械化的蘇聯部隊，奪回珍寶島，又在韓戰以志願軍之名支援敗退的北韓，擊敗以美國為首的十六國部隊。接下來，還支援越南之北越，擊敗美軍。美國慘敗的實錄，可從美戰地記者所寫《最寒冷的冬天：美國人眼中的朝鮮戰爭》一書窺知一斑。當時的解放軍多靠戰術，武器極差。然而今日解放軍已融入高科技，碩、博士者亦大有人在，已成現代化雄師。其新武器超美者頗多，單以最近美國媒體指出超美者，就有電磁砲，海空陸均可安裝及機動使用，可用七倍音速射彈於百海里之外。另有專門反導彈、防空、反潛的萬噸級驅逐艦。另據美國軍事科學雜誌一再報導的，達音速十倍的超高音速滑翔器，異於常規武器者，似已有成。總之，新科技正逐步進入解放軍。

掌握全球鋰電池原料

　　由於新能源中，如電動車、各種電子產品、航空精密設備等，必須仰賴礦產「鈷」原料，以造製鋰電池。鈷最大出產國為剛果，其產量占全球百分之五十四，而大陸本土產量只占全球百分之一點十一。因此，大陸廠商早已不約而同意識到鈷礦開採的商機，紛紛前往剛果布局。目前剛果出產的鈷礦，幾乎全輸至中國大陸各冶煉企業。中國大批發商長期在剛果，活躍於當地各礦場，把大批鈷礦石裝袋空運回國，加工生產充電的鋰電池。因各國對鈷的需求日增，其價格不斷上漲，而大陸廣大礦商自隨著水漲船高，且已主導全球。中國自古就有「事預則立」、「人無遠慮必有近憂」，告訴人們凡事應有遠見，先作充分準備，才能安坐「釣魚台」。今大陸企業先一步掌握遙遠的剛果鈷脈礦產，並給當地礦業注入互利商機活水，始有今日成果。

機器人動手術漸普遍

　　大陸引進機器人動外科手術後，便觸類旁通，多面發展，由達文西機械手臂，發展出奈米膠囊微形機器人，像膠囊大小的機器人，吞入胃中，透過外面電腦操作指揮，可立即清晰看見胃壁狀況，勝過電子檢察機、電腦斷層等。至於外科微創手術，大陸亦發展至 3D 立體超高解析視覺影像，仿人手臂之機器手臂由醫師操作指揮，手術皆能成功。而檢查胃部成果極佳的口服小膠囊機器人，作胃壁檢查並拍照，不需麻藥，無痛無創。這種檢查十分確實。此外，醫院有負責打掃、調病歷資料、聊天歌舞娛樂病人的各式機器人，或專為服務老年病人的「嘻哈」機器人，讓住院病人身心愉快。總之，機器人在大陸已融入社會，可謂四處充斥已至見怪不怪，司空見慣了。唯目前最需要且實用，又必須要不停開發進步的，當屬醫院機器人。

習近平要以中華優秀文化
貢獻人類

中國大陸之奮起,除記取了衰弱就挨打的慘痛教訓外,在崛起的巔峰,由雄才大略、學識博古通今的習近平領導,將至百尺竿頭更進一步。其實盱衡當今世界各國領袖,在關愛本國人民以外,亦推愛於人類全體,視世人為一家人,所謂「世界共同體」者,這種襟懷如此泛愛,習近平在人類歷史上尚屬首見。習近平治國,把人民擁護與否、贊成或反對、高興或憤怒,作為衡量其一切工作的標準。他主張要幸福就得奮鬥,人民團結才有力量,相信內鬥的國家無法進步與幸福,國與國間不可相互猜疑威脅;也主張中國人民從自身做起,為人類和平與發展作貢獻的真誠願望和實際行動,任何人都不該誤讀,更不可曲解。人間自有公道。把習近平治國及對人類和諧的見解與履行,是人類歷史上僅見,應屬中國人與人類之福。正是使國家加快進步的引領者,為本書寫出中國大陸震驚世界各類成就的源頭、注解。當今已是不能自掃門前雪的世界了。

天網的研製將使犯罪率降至零

　　轟動世界的人臉識別系統，能在兩秒鐘內把全球七十億人臉刷一次。一旦犯罪或失蹤者出現，此系統立即繪出其所在位置與路徑所在，警方便用衛星指示循跡抓人。這種絕技，是透過超級計算機技術研究而成。由超級計算之神速，達到快速人臉追蹤偵測，可自動調整影像並放大，能紅外線夜間偵測、自動調光，又稱生物特徵識別術。其識別人臉精確度幾乎可至百分之百。對全大陸十四億人而言，只需一秒鐘便可刷遍。這技術需在各公共場所設監控攝影機，則任何經過的面孔即立刻被記下。據聞大陸西部地區盜匪頗多，曾有一年百多起的紀錄，自用人臉識別後，犯案迅速偵破，遏制作用極大，目前幾至零犯罪。現「人臉布防」獲各地重視，已有十九省市採用，其他地方也在採用中。

大陸海洋綜合科學考察新突破

　　在人跡罕見的南極處女海洋中，大陸科學家獲得領先全球新發現。二〇一七年底，大陸科學考察團兩次來到南極，進行對南極之第三十四次科研。該科考隊由李鐵鋼領導，採用多種利器，深入海底，發現一般難以想像的情形——冷熱泉共存兩泉互不侵犯，成為冷、熱共生。這已顛覆過去地球萬物生長靠陽光的認知，值得深入研究。大陸所不斷改進的極地專用科考船及時時更新的科學工具，正在南極發揮較大功能，諸如深海地質、流速、海底完整測量、水汙染情形等，均有多項領先全球的成果，做出了莫大愛護地球的具體貢獻。值得人們注意的是，大陸科考隊也發現塑膠微粒等證據，警覺地球汙染海洋已侵入最乾淨的南極海域。值得向全球示警，共同維護人類只有一個地球的正常狀態。

各地出現科技飯廳

　　所謂科技飯廳，較有名氣也最先出現的，如廣州市外，湖北武漢工學院的機器人，可擔任大廚炒菜，又能負責餐具清洗，安然接替吃力的工作。由於造型可愛的機器人能炒出幾十種一般人愛好的名菜，且經專家設定口味，烹煮著名餐館名揚遠近的菜餚，故做出的菜或湯皆受客人稱讚，且每道菜均能保持一定水準，並且永不會累。清洗餐具等也不馬虎，衛生亦能達到標準要求。其各種菜、配料、用油多少等，先由人工放置定點，其他的一切輸入電腦，機器人就能以較人工為快的速度，一絲不苟地把份量足夠的好菜送到客人面前。有人好奇機器人怎麼配菜，原來是它有「製菜箱」，只要按下按鈕它便很快依指令快速配好進行炒製，而調味料自亦隨電腦「起舞」依各客人輕重口味調配。目前因這類餐館新鮮，料理美味，各地正相繼設立中。

量子通訊在世界獨領風騷

　　由科學界譽為「量子之父」的大陸物理學家潘建偉，帶其研究團隊成功設計出「墨子號」通訊衛星，並順利發射升空，讓中國大陸的通訊絕對安全，這就是所謂的「量子通訊」。量子為大自然環境中，不可分的最小能量單位，如以此為載體，採用量子特性進行通訊，自能做到百分之百保密。其特殊性是，不可截取、無法複製、難以滲透與無法加以破解。故是世上唯一擁有的絕對安全的通訊，對各種資訊傳送之保密貢獻太大。大陸自以量子科技設計製成的「墨子號」衛星升空後，曾迅速實現大陸和奧地利之間七千六百公里洲際密鎖通訊和加密通訊傳輸，以及視訊通信等，印証了這種通訊確實保密，萬無一失的特性。目前世界各地科學家公認中國大陸在量子科學與技術多方運用上仍處領先地位中。

廣造林能儲雨水的城市推廣

　　大陸在全盤發展後，特別重視植樹綠化，使水泥城市仍有林蔭。以北京為代表的綠化城市，被聯合國認為是罕見的成就，應屬全球示範，對居民休閒、健身、娛樂等健康具極大貢獻，城市空氣亦必因幾十萬畝綠地而改善。此外，大陸正透過儲水專案研究，建設「海綿城市計畫」，以便廣儲雨水。這項工程先由一示範城做起，將道路設計成儲水式，雨水不會積於路面，而是滲入普遍設計的儲水地方備用。所有屋頂當雨水淋上皆循接水槽式連結下面儲水池加以注入。也就是雨水能被有效分存備用。同時對城市內，或週邊通過的河流，其長期維護與整治，均有專責機構專人負責，配有現代化設備，對河道汙染、雜物進入、水質變化等可隨時監控與改善。其主管為政府職員，頭銜為「河長」，辦公室隨時可與當地公安和城管聯繫行動。這些規畫是其他國家所沒有的。

世界最大公園

　　大陸有個面積達兩百五十萬平方公里的公園，將近七十個台灣、六十六個日本、二十個北韓、二十五個南韓。如此大的公園，命名為「三江源國家公園」，位置在青海省為中心的地帶，將是大陸的「肺」。按大陸各省市地區均有規模大小的公園難以計數，較大的如黑龍旺河公園等都分布各地稱為國家公園。即尚有湖南南山、福建武夷山、浙江錢塘江、湖北神農架、雲南普達措、甘肅祁連山、河北長城、吉林、黑龍江東北虎豹、青海省三江源等，都是國家級公園。如今著手興建的世界最大公園，兩年內即開始管理運行，而前述各大公園將成為十大試點公園，內容均獨具世界級罕見資源特色，堪稱處處有奇觀。由於大陸地廣而地形複雜，幾乎寒、溫、熱都有，自然生態奇異多元。大陸將以充足經費經營管理，給民眾休閒的最佳去處。

人類歷史上最大的水利工程

　　中國人自古就善興水利，而今天以科學方法能把長江、黃河為首的各大河流豐沛的水，由低處調往經常缺水的北部，將「不可能」變為事實。這項工程已使北京等地的華北和西南地區雨露均霑。此項堪稱人類空前的雄偉水利工程，是中華兒女的驕傲。目前一期工程已將南方一百多億立方的水源調至地形高的北方，據稱將有七百多個西湖水量進入華北，受惠人口超過一億。南水北調預定由三條主幹線，像三條巨龍，把長江、黃河、海河、淮河、丹江等的水，經過各種複雜的地形，蜿蜒逆流而注入華北少雨各地。現在北京市的水百分之七十來自南方，預計全部工程兩年後完工，使全國不再有乾旱缺水情形，而地下水可大量停抽，減低地層下陷情形。不僅如此，地下水位反而回升，北京市已測得明顯現象。如此大工程，只有在偉大如中國的國家有此魄力敢予施行。水往高處流的技術，也是曠古沒有的獨特設計。

大陸是用砲彈滅火

　　大陸多年前的人造雨已不用飛機，而改用砲彈，只要氣象人員認為雲層水氣「達標」，便可發射碘化銀或乾冰等特製砲彈，打入雲層促其降雨。同樣在北京奧運期間，主辦的大陸對外宣布不會下雨的保證，就是當含雨雲層飄來時，降雨砲彈便令其把雨先降於北京周邊，對運動大會無影響。早在上海等大都市興建摩天大樓時，已想到用砲彈（稱飛彈亦可），能裝入滅火用的化學物，精準打進起火處滅火。對一般危險性大的火場，凡有消防員難靠近者亦以特製「消防彈」處理。如今大陸高樓全球最多，比台灣唯一高樓一○一要高得多的不少，而不斷在建的和已建的共四、五百棟，到大陸去的台灣人，在登過大樓後提出救火問題，才知他們早有良策，便可視各類火相而選擇炮彈，精準滅火。依此令人想到美國森林大火，如向中國大陸取經，應有滅火良方。

中段反導攔截宣布成功

　　美國在中段反導攔截領域，因技術困難度太高，雖有成功也有失敗，但中國大陸幾次試驗均無失誤，能在高空精確鎖住襲來的導彈，抓個正著進而擊毀。攔截敵人打來的飛彈，最有利是毀之於半途，使本土得以安全。這種高空撈針似的，以彈找彈，是靠特別研製的雷達等科技配套始有如此成功。按反導攔截技術，分為陸基、海基、空基三種，其指導系統又因時機不同而分三類：助推段、中段及末段等防禦系統。而末段反導系統最強的為俄羅斯的 S-300、S-400；其次為美國的愛國者 -3；而大陸為曾輸出搶手貨的紅旗 -9、紅旗 -19，能對短程及中程進行攔截，且早已部署在南部及西部，維護重要城市安全。現又成功試驗反導的中段，可在大氣層外攔截，避免核彈被擊落於本土，造成傷害。我們對大陸科學家的努力「按讚」。

水下資源保護大陸技術領先世界

　　水下資源之一的珊瑚礁，被破壞至退化已是全球問題。迄今未有維護或再生者。一直不為外界知道的「海南省南海熱帶海洋研究所」，這一民營機構經多年努力，掌握到種植規模化珊瑚礁修復保護技術，克服重重困難，終以科學方法建立苗床，把珊瑚苗分解成小株，按一定方法分別綁在苗床上，於是珊瑚便自行成長。目前種植面積不斷擴大，從該省陵水地區至西沙群島一帶種了十幾萬株，已為魚蝦類的樂園。該所雖為此曾虧損二十年，現已獲政府重視，在器材等方面大力支援。據該所創始人陳宏稱，今復計畫要種百萬株珊瑚，成為海南省獨創的海底花園，也成為吸引潛水愛好者的奇妙世界。目前由於該所極願與各國共享所研究成功的珊瑚重現技術，介紹各階段繁衍的技術。

3D 列印下頜骨大陸手術成功 創世界醫學首例

　　山東大學第二醫院口腔部門醫生，用 3D 列印鈦合金「下頜骨」植入手術，經查驗無不良反應而宣告成功，是為全球首例。接受此項手術的是十歲的馮霄霄，手術由該院口腔頜面外科副主任來慶國主治。因馮霄霄處於成長快速期，手術困難度極高，且很複雜。二〇一七年九月，馮童父親見孩子突然臉腫，就醫發現為造釉細胞瘤，有局部侵襲性，必須徹底切除，造成頜骨缺損及頜骨病理骨折，必須重整使咬合正常與美觀等避免影響身心健康，乃用首創的此項修復手術。手術為求萬無一失，術前先作兩次用樹脂列印，而最終大功告成。術後牙齒與原來的一樣，正常說話與進食，口腔內軟組織已逐步豐滿，符合來醫師預估。此項成功將為世界醫學提供新的手術展望，與增加 3D 領域的醫學發展。

在大陸境內取出可燃冰

　　可燃冰為地球上新發現的燃料，可代替汽油，且能完全燃燒無汙染，其蘊藏量龐大。特別在中國南海地層下的含量更為驚人。二〇一七年大陸藍鯨一號鑽井平台，成功在南海成功試採可燃冰，令各先進國吃驚。因可燃冰最大蘊藏地在大陸境內，在此之前鑽取工具重要配件要仰賴外國，為求能自主開發所需零件，乃潛心研究，終獲鑽取海底可燃冰的二十五項工具專利，並成為世上第一個成功開發出可燃冰的國家。至於獲得二十多項專利的採可燃冰鑽井工具，比各先進國家的性能更好。因能保溫、保壓取芯裝置，集氣點火裝置、冷卻裝置等，一整套為採可燃冰量身設計的優良工具配合無缺，功效一流，始順利開採。唯大陸設計團隊表示，他們將繼續研究使各項採礦技術不斷改進創新。大陸對於能源開發，採多管齊下的方法，逐步淘汰汙染大的能源，改採可燃冰等汙染比石油較少的新能源。專家估計，轄內可燃冰蘊藏量可替代石油供千年之用。

世界最強火箭衛士 2D

　　數年前大陸便研發出任何防飛彈皆反擊無效的「火箭炮」。經科學家一再改進後，定型為「衛士 2D」無敵火箭。它造價低廉、火力強大，可瞬間連發，而射程由當初的三百六十公里進步到四百公里有效射程，將視美國「愛國者」防空飛彈為無物。其能於短時間內萬箭齊發，並在近期泉州「反獨軍演」中亮相，而被外界指為替台灣量身研制的難對抗怪彈。衛士 2D 火箭炮是能快速自動裝填，智慧發射，分空中爆炸、子母彈大面積殺傷、穿入建物、深入地下、燃燒等多種彈頭，且有中段、末段複合導引裝置，故打擊目標具精準管控，避免傷及無辜。據聞本月解放軍泉州軍演，火箭炮衛士 2D 均命中三百八十公里外的目標，而最震嚇人的是，當燃燒型火箭命中目標時，轟然火海一片，令人恐懼不已。

廉價防空飛彈

　　被譽為能有效打擊任何入侵戰鬥機的防空導彈霹靂紅旗 -9，是公認好用的高科技產物，性能優、打擊準、成本最低的防空器，因此是物美價廉的搶手貨。大陸除已布置到南海各島礁及海南等地之外，並應各國需要量產供應中。這種可精準打擊的飛彈，採終端主控雷達導引，體積比一般國家的為小，最大射高一萬八千米。它另為火控雷達一體，成為世上最先進的防空系統，可同時追蹤三百公里內，高度七千公尺以下一百個空中目標，並自動評估威脅，選出優先擊毀順序，其反應只在十秒左右。此種世上最好防空利器，射速將達六倍音速，被鎖定的飛機一定無法逃脫。這種飛彈可由輕型發射車運行到需要地點，作機動使用。

深海機器人

　　大陸研發的深海機器人，原無人駕駛，可進入四千五百公尺海底工作。該機器人形狀如小丑魚，長三點六公尺，高一點五公尺，重達一點五噸，能在水下做到微地形成圖、溫鹽深探測、甲烷探測、濁度探測、海底照像、磁力探測、氧化還原電位探測、溫鹽深剖面探測等、熱液異常探測。此機器人命名「潛龍三號」，為目前最先進，傲視各國的深海利器。近年曾在週邊深海探測成功，大陸研究深海資源及研發探勘利器，早在數年前成功製成「蛟龍」號載人潛水器，可進入七千公尺深海，為世界首個能潛入如此深海，由人類親眼目睹深海奇景的潛水器。大陸科學家稱海洋裡物資豐富，唯地形十分複雜，才設計製造出最適於深海探測的好幫手。在此類利器協助下，預計很快能揭開海洋神秘面紗，並開採出無盡的資源，造福人類。

飯館正向數位化發展

　　大陸餐廳逐漸數位化，例如北京、上海、杭州都可見數位餐廳，客人可用智慧手機以及平板電腦點菜，刷臉付款，IT 業者進入美食市場。餐飲業亦科學化服務流程，智慧訂餐系統正普遍。此類現代化餐廳桌上無菜單，不需服務員和桌邊收款，一切皆由 APP 操作。一般每個服務員負責服務三張桌，數位化後一人可服務八桌客人，且更能提高服務品質，客人也更快獲得餐點。每個客人第二次入店，其愛吃菜餚已在手機上。不止可透過手機選餐館，連外賣也數位化了，並在衛生、品質、與包裝上爭取「愛買」，走上技術與標準化，特別重視信譽。大陸餐飲現代化、科學化，應已走在時代尖端，步向新、速、實及可口、衛生的革新境界。

突破半導體特殊用途功能

　　這項領先各國的技術，由上海復旦大學研發成功。在半導體電荷存儲技術上完成了具顛覆性的二維半導體準非易失性儲存原型器件，不僅讓隨身碟的數據寫入加快一萬倍，資料儲存時間更可自行決定。解決了過去在傳輸、保存方面的難題。開創了第三類儲存，比 U 盤快一萬倍的驚人速度。現今半導體儲存技術，不外「易失性」如電腦內存，一旦失去電源，數據即消失；另為「非易失性」如大家常用的 USB（大陸通稱 U 盤）隨身碟，寫入數據後，無需額外能量，就可保存十年。前者可在幾奈秒內寫入數據，後者則需要幾微秒到幾十微秒，才能把數據保存下來。復旦大學這項成就突破了半導體電荷存儲「非易失性」和「寫入速度」難雙全的問題，且可自由調控。二維材料也可獲單層具完美介面特性的原子級別晶體。對集體電路物件的微縮、提高集成度、穩定性，及幫助開發新型儲存器助力大，又降低儲存器功能，是提高集成度的新途徑。印度專家將來取經。

全球第一個使用無人車的
大都市上海

　　從三月開始，上海凌晨二時起便有無人駕駛的清潔車，在各街道工作。這些設計實用的清道車，每日凌晨兩點自動甦醒，開向設定好的區域路段，以低速工作，可依規定穿過紅綠燈，當工作完畢各車自動回到原停車場及其原來停車位置後，熄火休息。這無人駕駛清潔車隊，由幾輛六公尺長的中型，及三公尺長小型清潔車組成，從表面看與一般清潔車類似。這個無人駕駛清潔車隊，是民營仙途智慧公司設計。車上系統在地圖和定位上採多雷射雷達，和總成本人民幣三十萬元的感測器，而感知是用多個低線束雷射雷達，再融合攝影機。該公司的此類清潔車已可大量生產供應各地需要。目前大陸各地道路清掃成本已近一兆元人民幣，而多為人力清掃，成本高，安全上也常出現問題，無人清潔車深夜工作，故很安全輕快，所清除的垃圾會自動到指定地倒好，再回到道路上或收工回停。

細胞也能返老還童再生

　　大陸科學家研究出助細胞新生的技術。這項醫學成就，是大陸中科院廣州生物醫藥與健康研究院研究員裴瑞卿和其團隊經五年努力，用化學方法以誘導多能幹細胞研究及優化而成功揭開細胞再生。這套方法是開發出一套化學小分子，誘導多能幹細胞，用兩種不同的藥水，依次洗滌，自然造成細胞之「返老還童」到多能狀況。其過程是由藥水中小分子關閉體細胞染色體結構，繼而開啟多能性基因而達到細胞這一「返老還童」之奇妙。可用於再生新的組織和器官，為痰病治療與再生醫學提供個性化種子細胞，並能進而知道細胞變化的實況。據中科院上海藥物研究員稱，目前大陸在化合物誘導多能幹細胞領域處在世界領先地位，亦對世界醫學有重大貢獻。

最安全領先世界的核聚變電廠

　　大陸科學家最近研發成功，一種不會產生任何廢棄物的核聚變發電能源。在安徽省合肥市「科學島」的核聚變實驗裝置，取得穩定性超過美國、日本、南韓、巴西及歐盟國家等一直無法做到的突破。此一領先全球科學的「黑科技」，被舉世科學家尊稱為「聖杯」。據大陸科學家稱，不出五年就將完成全球第一座安全性最高的核聚變反應爐的設計，屆時將造福全人類。由於世界的前進，人口的增加使能源需求隨之大增，而環境破壞給人類帶來危機，且殃及生物。中國大陸此項成就，不但在今後發電方面勝過各國，也預計會輸出嘉惠地球村、與人類共享。據了解，此項科技研究花費極大，約每天要花數十萬美元，因此大陸也在尋找可能的國際合作。目前這種安全極大的核聚變電廠設計建成後，其發電外還能提供熱能，因其溫度將為攝氏一億度。

晶片大量生產

　　大陸半導體業的進步令台灣業者大吃一驚，原總認為大陸半導體業落後得不值一提，特別是晶片生產，也更不予注意，卻未曾料到大陸長久（五、六年）在天河二號（其遠超過美國曾傲視全球並稱為最快的超級電腦「泰坦」五倍之多）和太湖之光（世界最快電腦），與半導體配合下，乃呈暴發之勢，迅速迎頭趕上，震驚全球。因此晶片領域獲得飛躍式發展，且規模之大無與倫比。一直領先的歐美，萬想不到在積體電路上，又被大陸從頭頂上超過來，速度之快如電光石火，當台灣業者正談論印度半導體厲害時，不意大陸軟體已不聲不響把印度甩在後頭。據歐美這方面專家稱，中國大陸能出乎大家預料，一朝追將上來，得力於配套多，尤其有美國一直趕不上的超級電腦和眾多科研人才，加上充足的經費支撐，與一般國家辦不到的廣大科研單位，又有「中國速度」，世上還有辦不到的事嗎。可見世界軟體龍頭指日可待，打臉台灣曾指大陸半導體不值一顧的專家及媒體們。

公路收費將取消

　　台灣自蔣家主政，建了高速公路後便從南到北「關卡」處處，收費迄今不停，甚至裝設電子照像設備等，惠及財團。這種無盡期的公路收費，由於車輛通行越多，自不休止的買路錢也必大賺。有人民對此提出異議，則立刻有善良人士為猛收買路錢不放手的政府美言、解套，指維護需經費，自然路在收費在，不可停止。但每年總收費及道路保養支出總額，卻從不公布。中國大陸過去也和台灣一樣只想到收費，卻不想到惠民、便民。中國古代之收「買路錢」，是強盜土匪幹的事。今大陸要取消高速公路收費，政府收入雖減少，但錢仍在廣大人民口袋中，應屬惠民德政。如今台灣不願做，卻透過御用媒體批評大陸未為收費員作轉置規畫等，但台灣沒了收費員卻大賺買路錢，因不必僱用大批收費員。大陸取消收費，收費員自有辦法轉入無盡的大廈當管理員等，總之任何安排不需小島人民操心，或怕比較而心術不正之人對大陸施行德政而說三道四。

製造航空母艦只需三年多

　　中國第一次製造六萬噸航空母艦，速度卻令人吃驚，再造的時間必定更快。大陸自主設計的航母，自二○一三年十一月開工，二○一五年三月開始在船塢內製造，至二○一七年四月二十六日下水，並舉行儀式。十二月繫泊試驗。二○一八年四月二十三日海試，二○一九年前可交付海軍。依此速度，至二○二○年，計畫中的六艘航母編隊定將完成，其中將有八噸及核子動力者。這第一艘航母在大連造船廠建造，即改造遼寧艦之工廠；而第二艘自製航母據聞已將完工下水，現正在趕工中，由上海造船廠製造。至於第一艘可能命名山東艦。此艦設備等較遼寧艦先進，載機亦較多，包括武器、感測器、救生設備、十八聯裝紅旗九對空飛彈、火箭炮、新型雷達、電子支援天線、一一三○型萬發近防艦炮、多管多用途火箭發射器等。飛機採滑躍式，而一般各種軍艦，一年有十七艘下水，故被稱為「下餃子」。是世界上造艦最快的國家，也展現「中國速度」。

發展太空科技美國指有侵略性

中國大陸在太空科學上不斷創新，諸如探月、探火星、載人太空站等正按計畫進行。由於大陸凡事都有「中國速度」精神在其中，做任何工作均快速，乃引起不懷好意的美國注意，認為大陸在太空軍備領域發展過快，且時有創新，很有侵略性。同時有美官員很幼稚的建議其政府，向中國大陸表明，「若要在太空上較量美國將會獲勝」。硬把各自發展拉向鬥爭。而大陸為了嚴防「美洲豹」的攻擊性格，自必須研發太空備戰裝備。如邀龍一號反衛星武器，平時巡航太空，防止失效衛星，或衛星碎片撞擊地球，戰時可攻擊敵國太空資產。動能三反衛星飛彈，可攻擊地面三萬六千公里軌道範圍內所有衛星，包含美軍必用的 GPS 衛星，和各軍用衛星。能透過高分四號衛星，有效提升反飛彈準度和預警時間。DN2 飛彈，為高軌道攔截器，可高速撞毀 GPS 衛星，以及敵人間諜衛星。而在軍事科技學情蒐之猛進，應已走在他國前面。

無人商店紛設立

　　世界上首個無人店，據稱是去年都市超商開始。由於生意興隆，成果極佳，加上科技一日千里的進步，「無人時代」已經來臨。上海出現無人銀行、無人書店，是透過智慧櫃員機與 AI 機器人對話搭配而辦妥。無人書店只用刷臉技術入店，取書自選無感支付（取走的書，自動於手機付款）。至於無人銀行，有女機器人與顧客對話聊天，可陪客人行走、背唐詩、唱歌等，並見機行事，推薦客人掃碼加入建設銀行等。這無人銀行為建設銀行設立。首度到該行者，可經身分證、刷臉識別綁定。此後至該行進出刷臉即可。無人銀行大廳經理也是專業機器人負責，可用觸碰螢幕方式即引導選擇辦理客人要的業務，外匯兌換皆可迅速完成。另有專屬房間，與VIP理專透過遠端視訊，提供一對一問答。而以廣州首先開的無人餐廳，則由機器人接受點菜送菜。大廚機器人做菜，菜單上的菜都會做，標準口味，衛生可口。無人清道車每晚自動出車，清掃畢自動停回原處。

新「米波雷達」

　　美國的隱形戰機等，將逃不過大陸「照妖鏡」似的新研發的「米波雷達」。雖然俄國也有此類雷達，但大陸的功能較強。目前成為世界首屈一指的選進雷達。所謂米波雷達，是指工作波長在一公尺至十公尺，工作頻段在三十到三百兆赫茲的一種長波雷達。此雷達可避開匿蹤戰機的匿蹤波段，故能有效掌握住匿蹤戰機的行蹤。本來過去有「米波雷達」的國家如俄國，其「米波雷達」不能測高，但大陸科學家研發的新米波雷達，則加上一組天線，解決了過去不能測高的缺陷。唯從技術上看，大陸目下仍為世界上唯一有能力使美國各類匿蹤機無所遁形的國家。由於在技術上，大陸採「相位陣列」、數字化陣列、超解析度等先進科技，把體積與重量由大趨小，自能少損耗。擴大覆蓋面和靈敏度，更能高度測量，使美國隱形戰機失效。雖說美國正花鉅款企圖追趕，不過據中國大陸科學家也正在研發更厲害的雷達，和難測的隱形塗料中。

北斗衛星導航精確度
在一公尺內

　　中國大陸將於二〇二〇年完成全球組網。目前已開發二十九顆衛星，至二〇二〇年將完成三十五顆衛星，即實現全球組網。由於只差六顆衛星，可能會提前完成目標。儘管大陸地區廣大，地形複雜，但北斗衛星已網蓋全國，可提供一公尺以內清晰辨識畫面，已把台北一〇一大樓及其週邊車輛、行人照出，更能將位置服務到釐米級，以及服務無人機送快遞。北斗地圖 APP 五月一日上線後，對亞洲地區各國已提供比美國 GPS 更精準的導航等服務。預計三年後，手機、單車、穿戴品等終端，都能透過高精密度的北斗 APP 取代滿足大眾需求的 GPS。按大陸之建北斗，是因美國蠻橫切斷大陸商船 GPS 全球定位，以強行登船查疑有無化武原料，而遭無理粗暴和極危險的阻絕航向，乃決定自主設計出比 GPS 更細緻、精密好用的APP北斗地圖。

中國公廁已領先全球

　　祖國大陸只要決心做一樣事，一定會做到最好。記得不久前國務院為了人民上公共廁所的便利與衛生、舒適，正在以科技改善公廁，被人民稱為六星級厲害公廁，也讓外國旅客驚艷，大讚使用者很享受，被指為科技廁所。原來大陸各大都市等街道上公廁頗多，經改造後，引入尖端科技，如沖水飛機採用的渦輪式，乾淨無味。廁所內有網路（無線式）、電視、自動櫃員機、人臉識別系統以免浪費衛生紙。提供手機充電，肥皂、紙、紙巾均免費，廁所及小便池上方都有電視。廁所內有感應器，凡超過十分鐘便示警給維護人員。更好的是可透過公廁專員 APP 送衛生紙，或透過專用 APP 找廁所。此外廁所外有電子顯示屏及網路電視，播報新聞、氣象、生活新知等。目前這種世界首屈一指的六星級公廁，已完建了七萬多所，且正不斷改建中。由於台灣街道上沒有公廁，最近部分便利商店有設置，但如大陸專設的馬路公廁卻沒有，如今大陸公廁可謂獨占鰲頭了。

植物「諾亞方舟」

　　目前全世界只有兩個野生生物種質資源庫（以下簡稱「種質資源庫」）。中國大陸中國科學院植物研究所經十年努力，建立了國家級種質資源庫，成為世界上兩個按國際標準建立種質資源庫的保藏設施之一，被譽為中國的野生生物種質資源「諾亞方舟」。另一世界大種質資源庫在挪威，屬世界第一。大陸種質資源庫設在西南地區，十年來已搶救性的收集和保存各類種質資源計兩萬零三百零五種，二十一萬零四百四十四份；屬核心地位者計兩百二十九科九千四百八十四種，七萬一千二百三十二份，超過了大陸種子植物種類的三成。這個座落於雲南的「諾亞方舟」，模擬了雲南地貌，包括雨林、雪山、水域、丘陵、高山、低谷等。而大陸全國各地的野生植物種質資源，不斷從東南西北匯集，這兒種子保存可達千年，且萬無一失。這個保庫，更是「寶庫」，將對人類有極大貢獻。大陸近來農業增產顯著，與品種改良有關。

人臉識別用在大陸首都機場

　　大陸新科技研發、創新，論文已領先美國成為世界第一。在將科技轉換落實運用方面也很快。以人臉識別一項為例，已在防盜、治安、交通各領域漸漸使用外，已於四月四日在北京世界最大、最現代化的首都機場啟用，頓使平均每日入境達五十萬人上下，每時兩萬人左右入關情形，因為有了「人臉識別」而立刻減輕了相關安檢部門的負擔，且能精準核查。這套名為「智慧旅客安檢系統」，身分檢查由機器人擔任，登機牌、身分證、人臉拍照、身分比對等；隨身行李安檢有分組攝像鏡頭，旅客只需將行李放筐內，再對鏡頭看一下即可。如行李有問題，安檢員可直呼所有人名字複檢。這套系統已大大減輕了工作人員壓力，實現了人員安檢加上機器技術的科學化配合，達到了快速準確，便利旅客的最佳服務。這套智慧旅客安檢系統，將很快推展到各大城市繁忙機場。

美國教授以證據告訴世人
大陸為第一大國

曾寫〈中美必有一戰〉的哈佛大學教授格雷厄姆・艾利森，公開表示那篇文章的預測完全是錯誤的。他舉其最新了解和所眼睜睜目睹中國的快速進步情形後，證明中國已是世界第一大國了，意謂即使未戰也已看出輸贏而要避免與戰。他指出難得習近平「大國主和平」。艾利森說「中國效率」確實驚人，單以交通言，十年前美國擬在洛杉磯與舊金山之間建一條全長五百英里高鐵，但迄今仍在紙上談兵；而就在這十年之中，中國建成了一萬六千條鐵路，均在繁忙的運營中。全球獨創品質優良的高速鐵路，也已超過兩萬公里，確實速度驚人。艾利森說，過去二十五年內世界上最大的地緣政治事件就是中國的崛起。他指出歷史上從未有一個國家如此快速崛起，又發展到如此高度。他認為積極性、研發能力等，均使中國逐漸領先世界者越來越多，無疑站在第一大國位置。其實他忽略了，中國的最強項乃是未被發覺的另類自由民主。

衛星考古蓋全球

　　這項新科技轟動全球。大陸首推促進一帶一路對地觀測科學、提供應對絲路環境變化，並設立地球大數據、農業和糧食安全、海岸及環境變化至世界遺產、自然災害、水資源等七個工作組，及城市環境、高山和寒區等兩個。就在大陸這項「數位絲路國際科學計畫」中，大陸科學院王心源研究員帶領的「空間考古」團隊，參與前述計畫，首次利用衛星遙測的空間考古技術與方法，成功在突尼西亞發現十處古羅馬時期遺跡，其中有三段邊界牆、三處水窖、農業灌溉系統、墓葬、軍事防禦系統布局等。王心源等接著將與突尼西亞、義大利、巴基斯坦各國科學家共同繼續研究下去。要結合古地圖史料、地理資訊等擴大功能，與空間解釋分析，加強考古調查、驗證，解決大型線性遺跡保護與認知的難以確定。

中國建造已驚艷世界

　　中國建設第八局專案團隊對外建築，其在印尼與埃及的高樓建設，由於施工方法令他們覺得新鮮，不但快速，且無汙染，被稱為前所未見，聞所未聞，把這種建設稱為「中國速度」。中國建築團隊在印尼著手蓋的「三百零三公尺高的一號雙塔式大樓」將是該國新地標。建築總面積三十點六萬平方公尺，地下七層十萬平方公尺，建築科技是獨創的「逆作法」、「逆生長」、「溜槽法」等世界罕見的建築方法，將在一年餘兩年內竣工。另在以金字塔傲視世界的埃及，負責興建新行政首都（CBD）專案工程，三月十八日甫開工即被艷歎為「中國智慧」，見識到驚人的巧妙與罕見的創新，其核心區面積五十萬五千平方公尺，一棟三百四十五公尺高的非洲第一高樓，及二十個高層建設均在規畫之中，預計三年全部完成。除此外，科威特已將中國大陸為他們建造的「中央銀行總部」漂亮無比的獨特設計樣貌的大樓，印於鈔票，以突顯其現代化的發展與文化內涵。

專打航母的東風 26-B

　　大陸自主研究成功的「關島快遞」，顧名思義就是能消滅軍事基地關島的航空母艦。它是東風 26-B 飛彈，具有完全自主智識產權的新一代中長程導彈飛彈，核常兼備，即可實施快速核反擊，常規中長程打擊。射程五千公里，可對遠大型艦隊、航母編隊有效攻擊，它配在中程飛彈旅，二十四輪發射車，配備有偵查飛行彈，可對目標上空進行四小時持續飛行拍攝，甚至可直播打擊航母過程。東風 26-B 的設計十分特別，一個拉長的長雙錐型結構，彈頭末端採用一體化控制，突防能力強，其鎢合金子母彈穿甲能力特強，可破壞航母飛行甲板或擊沉，或摧毀指揮艦島。其發射無依托，可在公路上發射，即可隨時發射。因此它已直接威嚇到美國在亞洲的航母群，尤其關島基地。一旦對台必須「動外科手術」遏獨時，有東風 26-B，則美國等航母必不敢輕易前來護衛，而台灣船艦亦面臨歸零命運。

大陸近年探勘到許多大油田

　　由於探油技術不斷精進，大陸除了尚在取油的大慶外，新增億噸以上的油田就有五座之多，因此在國際市場上已奪得定價權。同時以人民幣計價的原油期貨「上海原油期貨」，已在今年三月二十六日正式掛牌交易，故掌握了原油定價權，挑戰石油美元地位。這新增的五個大油田在青藏高原，是海拔最高的油田；而油氣田有儲氣十九億三千萬噸的、七十億三千萬噸等。大陸二〇一七年原油進口超過四億噸，平均每天進口八百四十萬桶原油，用量已超過美國，對外依存度百分之六十八，且購價比歐美為高，每年多花美金二十億，否則不賣。如今大陸在探勘技術提升之下，海裡、陸上油田與日俱增，海上包括渤海灣、東海、南海等，均屬新油田或油氣。另珠江口、柴達木盆地、塔里木盆地等一連串發現有幾十座十億噸以上的超大油田。因此在美國油田日減狀況下，中國大陸將逐步開發，成為舉足輕重的新興產油大國。過去被沙特石油制約的情況將不再發生。

香港在前金門在後均靠大陸的水改善人民生活

　　台灣的外島金門，一直是個缺淡水的小島，筆者一九六二年在金門服兵役，每週只能以台幣三塊五毛，到當地居民在其大門外用竹籬做的沖澡間，以一桶淡黃色熱水洗一次極克難的戰鬥澡。當時軍人雖多，但用水很省，老百姓皆家家節約用水，總覺水少不夠用。如今兩岸交流，已把對岸泉州晉江的水跨海引至金門，如久旱逢甘霖，頓時改善人民生活，百業開始發展，各項建設隨之推動，榮景在望，人民歡慶。這情形令人想起五○年代的香港，內戰後大批難民湧入，使原就缺水的情形更趨嚴重，人口的擁擠使生活用水不足而痛苦不堪，哪能再論經濟發展。直到周恩來准將廣東東江充沛的水輸送香港，香港才成為「東方明珠」，否則任何主政者面對無水之地，必然「百廢難舉」。期中香港英政府曾因故與大陸關係緊張，一度有人建議切斷水源卻被周恩來否決，認為不人道，且港民都是同胞。改革開放港人參觀為後港人建的大水庫，無不感動泣下。

兩萬兩千箱貨櫃大船之建造

　　這個由大陸江南造船廠和滬東中華造船廠建造的巨輪，載重量二十二萬噸，可裝載標準包裝盒的 iPhone X 手機十多億支。而兩萬兩千箱是以綠色環保配合，也是世界上第一艘採用液化天然氣雙燃料推進器的超大貨櫃船，這和用重油相比，液化天然氣優勢明顯，其二氧化碳排放減少百分之二十五以上，硫排放減少百分之九十九，氮氧化物排放量減少百分之八十五，細顆粒物排放減少百分之九十九。此巨輪為二○一七年九月經與達飛輪船公司簽約承造，以優厚條件擊敗日、韓而得標，將以兩年左右時間造好交付。這艘兩萬兩千箱超大型貨櫃船之建造，且能在極短時間下水交付使用，曾在業界引起轟動。承造的中國船舶工業集團公司七○八研究所設計團隊立即與船東配合，確保該船順利依時交付。此船長四百公尺、型寬六十一點三公尺、型深三十點五公尺。

八千九百萬黨員的黨

　　目前這個世界上最大、執行力最強、紀律最嚴明的黨，應屬中國共產黨。它有八千九百餘萬黨員，自建黨迄今的特點是志在民富國強，勇於認錯與無止境的改進，以致成為全民支持的強大政黨。其主政為「新民主專政」，簡單解釋，即「大家有飯吃」，而外界均誤為「專制」，兩者大不同。它是貨真價實「政治專業」主政，即「賢能政治」或「精英治國」，乃能實現國家富強，人民安和樂利，自由自在的生活，改革開放以來已使三億多人脫貧，成就非凡。其政治幹部國家公務員的培養，由公開考試選拔，幹部必經四化教育，即建立革命、知識、年輕、專業等素質，務使學識經驗融合，達到政治專精，執行國家政策，服務人民，均能以行政專業方式做到令人民滿意。最近對公務人員的要求，更增加「德才兼備」，以能為十四億同胞服務，為參與實現「中國夢」感到責任重大與自豪，其政府各級官員選舉，一律從專業中以政績實力評選，即政治專業選出精英，才對人民、國家利多。

愛心冰箱很感人

　　炎夏高溫，北京、上海、杭州出現了街頭「愛心冰箱」，免費提供西瓜冷飲。這一愛心服務主要提供給在酷暑天頂著大太陽，堅守崗位為人民服務的環境衛生工人、交通警察、巡邏公安警察、義務街管、快遞員、郵差、外賣小哥等。此一善舉最早由浙江、杭州的愛心團發起辦理，免費提供對前述人等服務，因反應熱烈，特別嘉惠被尊稱「城市超人」的辛勤為大眾服務的人。炎夏送水與雪中送炭同樣感人，網路熱傳，人人按讚，杭州試點增多，且立即響應聲起，上海、北京迅速跟進，且供應點擴大增設中。據愛心團隊觀察發現，凡掀開冰箱取物者，如西瓜，只拿一片，取冰棒或冰水者均只取一只，且將瓜皮等放入垃圾桶內，各地均如此，使愛心團隊擴大設立，各城市將比照設立「愛心冰箱」的信心也隨之建立。

手機可保障安全用藥了

由於假疫苗造成民眾憤怒與恐慌及政府調查法辦。就在社會上一陣撻伐、緊急處理聲中，阿里巴巴集團立即研發出手機辨偽，馬上辨識任何針、藥的真、偽，成為全民用藥最可靠的維護者。這次假疫苗案之發生，卻導致電商發揮威力，迅速研發 APP 科技，對問題疫苗透過手機上一掃而知。在「中國速度」下，阿里巴巴公司日以繼夜快馬加鞭，開發出一種功能，利用淘寶、支付寶、天貓和阿里健康四個 APP 可以掃碼查驗問題疫苗。只要在接種本上找到接種批次，就能確定該疫苗是否有問題、哪家藥廠製造。支付寶掃描，從四個 APP 可識別出疫苗名稱、追溯碼、藥品狀態、保質期等，成為民眾醫藥把關利器，亦可用在各種藥品上。因此這次假疫苗案，反而造成醫藥保障新技術，使今後醫藥假貨無以蒙混，豈非因禍得福。

二〇一八《絕地求生》PGI 全球賽冠軍

　　這項在德國舉辦的電競邀請賽，有來自世界各地共二十個團隊參加競爭。中國大陸隊以總分三千四百二十五獲得第一名，獎金四十萬美元。《絕地求生》遊戲中，選手要在遊戲地圖上收集各種「資源」，同時在不斷縮小的安全區內對抗其他玩家（對手），使自己能一直生存著。此遊戲的一個術語「吃雞」，即表示在《絕地求生》遊戲中取得第一。大陸俱樂部 OMG 戰隊在第一天比賽中，四局比賽三次「吃雞」，一次第二。據了解，大隊電競隊伍近半年來在國際競賽中總能過關斬將獲得佳績。而兩年前在加拿大舉辦的駭客大賽，在各國頂尖選手無法「駭入」時，突然中國大陸上海的八名駭客團小將之一代表出賽，只花了十五秒便成功，主辦單位只好眼睜睜看著上海八人組小將，抱走獎金美元一百萬元。

昌明文叢 A9900003

你必須知道的大陸

作　　　者	安　強	
發　行　人	陳滿銘	
總　經　理	梁錦興	
總　編　輯	陳滿銘	
副總編輯	張晏瑞	
編　輯　所	萬卷樓圖書(股)公司	
排　　　版	林曉敏	
印　　　刷	百通科技(股)公司	
封面設計	菩薩蠻數位文化公司	

出　　版　昌明文化有限公司
桃園市龜山區中原街 32 號
電話　(02)23216565

發　　行　萬卷樓圖書(股)公司
台北市羅斯福路二段 41 號 6 樓之 3
電話　(02)23216565
傳真　(02)23218698
電郵　SERVICE@WANJUAN.COM.TW

如何購買本書：
1. 劃撥購書，請透過以下帳號
　　帳號：15624015
　　戶名：萬卷樓圖書股份有限公司
2. 轉帳購書，請透過以下帳戶
　　合作金庫銀行　古亭分行
　　戶名：萬卷樓圖書股份有限公司
　　帳號：0877717092596
3. 網路購書，請透過萬卷樓網站
　　網址　WWW.WANJUAN.COM.TW
大量購書，請直接聯繫，將有專人
為您服務。(02)23216565　分機 610

如有缺頁、破損或裝訂錯誤，請寄
回更換

版權所有·翻印必究
Copyright©2018 by WanJuanLou Books
CO., Ltd. All Right Reserved
Printed in Taiwan

ISBN　978-986-496-385-0
2019 年 1 月初版
定價：新台幣 480 元

國家圖書館出版品預行編目資料

你必須知道的大陸 / 安強著.
-初版. --桃園市:昌明文化出版;台北
市:萬卷樓圖書發行, 2019.1
面;公分. –(昌明文叢　; A9900003)
ISBN 978-986-496-385-0(平裝)
1.中國大陸研究
　　　574.1　　　　　　　107019632